Mme Piper et la Société pour la recherche psychique

Michel Sauge

Writat

Cette édition parue en 2024

ISBN : 9789359945187

Publié par
Writat
email : info@writat.com

Contenu

PRÉFACE ....- 1 -

OBJETS DE LA SOCIÉTÉ ....- 5 -

CHAPITRE PREMIER ....- 8 -

CHAPITRE II ....- 11 -

CHAPITRE III ....- 15 -

CHAPITRE IV ....- 19 -

CHAPITRE V ....- 23 -

CHAPITRE VI ....- 31 -

CHAPITRE VII ....- 39 -

CHAPITRE VIII ....- 48 -

CHAPITRE IX ....- 56 -

CHAPITRE X ....- 62 -

CHAPITRE XI ....- 69 -

CHAPITRE XII ....- 80 -

CHAPITRE XIII ....- 86 -

CHAPITRE XIV ....- 91 -

CHAPITRE XV ....- 99 -

CHAPITRE XVI ....- 103 -

CHAPITRE XVII ....- 107 -

CHAPITRE XVIII ....- 112 -

CHAPITRE XIX ....- 116 -

CHAPITRE XX ....- 120 -

PRÉFACE

PAR LE

Président de la Société de Recherche Psychique

L'un des faits qui, de l'avis général, au stade actuel de la science psychologique, requiert une étude est la nature, et si possible la cause, d'une lucidité particulière, d'une sensibilité de perception ou d'une accessibilité aux idées semblant arriver par des voies autres que les organes habituels. du sens, que l'on rencontre quelquefois chez les gens simples [1] sous une forme rudimentaire, et sous une forme plus développée chez certains individus exceptionnels. Cette lucidité peut peut-être être considérée comme une modification ou une exagération de la clarté d'appréhension parfois éprouvée par des personnes ordinaires lorsqu'elles sont immergées dans un bureau sombre, ou lorsqu'elles sont en train de se réveiller, ou lorsque la conscience de soi est pendant un certain temps heureusement. suspendu.

Chez les hommes de génie, le phénomène se produit sous la forme la plus digne que nous connaissons actuellement, et chez eux aussi il accompagne un effondrement de la conscience ordinaire, au moins dans la mesure où les circonstances de temps, de lieu et de la vie quotidienne deviennent insignifiantes et triviales, ou même temporairement inexistant ; mais ce qu'il y a de remarquable, c'est que quelques personnes, pas du tout géniales, sont susceptibles d'accéder à quelque chose qui n'est pas tout à fait différent et font preuve d'une sorte de lucidité ou de perception clairvoyante, qui, bien que d'un degré sans doute inférieur, est d'un bon niveau. -type défini et facilement étudié, au cours de cet état de perte complète de conscience que nous connaissons sous le nom d'une variété spécifique de transe.

Non pas que tous les patients en transe soient lucides, pas plus que toutes les études brunes aboutissent à des idées brillantes ; Il ne faut pas non plus prétendre qu'une certaine mesure de lucidité, même du type ultra-normal actuellement à l'étude, ne peut exister sans une transe corporelle complète. Le phénomène appelé « écriture automatique » est un exemple du contraire, lorsqu'une main libérée du contrôle conscient ordinaire se trouve, pour ainsi dire automatiquement, en train d'écrire des phrases, parfois au-delà de la connaissance de la personne à qui appartient la main. Cependant, une certaine approche de l'inconscience, soit générale, soit locale, semble essentielle à l'accès de l'état, et les conditions qui provoquent habituellement la rêverie ou le sommeil sont appropriées pour le provoquer ; personne, par exemple, ne s'attendrait à en faire l'expérience alors qu'il était occupé de toute urgence à ses affaires. S'il est souhaitable de céder à une attitude aussi peu pratique et d'encourager l'afflux d'idées par des voies non sensorielles, c'est une autre question qui n'a pas besoin de nous préoccuper maintenant. Il nous suffit que le phénomène existe et qu'il prenne occasionnellement, quoique très rarement, une forme si marquée et si persistante qu'il se prête à l'investigation expérimentale. Il est vrai que dans ces cas-là, rien de mérite exceptionnel et convaincant au monde n'est produit ; le fond de la communication est souvent, mais pas toujours, banal, et la forme parfois grotesque. Il est vrai aussi qu'un compte rendu complet d'une conversation tenue dans de telles circonstances — peut-être un compte rendu complet d'une conversation banale tenue dans n'importe quelle circonstance — se prête facilement au ridicule ; néanmoins, l'évidence d'une connaissance intime ainsi manifestée devient souvent d'un extrême intérêt pour les quelques personnes pour qui les énoncés disparates ont une signification personnelle, même si pour le étranger ils doivent paraître ennuyeux, à moins qu'il ne soit d'avis qu'ils l'aident à interpréter davantage. fonctionnement obscur de l'esprit humain, ou à moins qu'il ne pense qu'il est possible que la nature et la signification de l'inspiration en général puissent être mieux comprises par l'étude de cette forme, la plus basse, mais en même temps la plus définie et la plus contrôlable. Il ne fait aucun doute que l'information est accessible dans ces conditions à partir de sources inconnues ; il ne fait aucun doute que le corps ou la partie de corps en transe ou semi-conscient est devenu un véhicule ou un support pour des messages ostensibles provenant d'autres intelligences, ou pour des imitations ; mais la cause de la lucidité ainsi manifestée, la nature du canal par lequel l'information est obtenue et la source de l'information elle-même, sont des questions qui, bien qu'elles soient susceptibles d'être traitées avec désinvolture par un critique superficiel, à qui elles semblent le trait le plus saillant et l'explication la plus simple sont en réalité les le plus difficile de tous.

C'est pour étudier de telles questions qu'une société spéciale, la Société pour la Recherche Psychique, fut fondée il y a vingt-deux ans.

La plus remarquable, et certainement la plus approfondie, de toutes les enquêtes faites sous les auspices de cette Société a peut-être été le cas de la dame américaine Mrs Piper ; qui, commencée en 1887, s'est poursuivie depuis, avec seulement les intervalles rendus nécessaires par les circonstances de l'affaire. Elle était déjà connue du professeur de psychologie de Harvard et de quelques autres savants américains, mais elle a été portée à la connaissance des dirigeants de la Société anglaise par le Dr Richard Hodgson, qui exerce depuis quelques années et agit toujours comme son représentant en Amérique et secrétaire de sa branche américaine. Un compte rendu complet de l'ensemble de l'enquête n'a pas encore été publié, mais de grandes parties en sont apparues de temps à autre dans les Actes de la Société.

Il ne faut en aucun cas supposer que le cas soit unique ; au contraire, il peut, dans un certain sens, être considéré comme typique, mais ses caractéristiques sont exceptionnellement bien marquées et le dossier a été conservé avec plus de soin et de continuité que celui de tout autre cas. En conséquence, une certaine importance y a été accordée, et une idée générale et vague concernant ce cas s'est répandue parmi les personnes instruites au-delà des limites de la Société.

Et en effet, elle est d'un intérêt vraiment général, puisque l'hypothèse de la fraude y est totalement inapplicable, et de l'avis des critiques les plus sceptiques qui ont fait une étude adéquate du cas, aucune explication plus banale que celle de la télépathie ne résistera. examen. D'autres critiques — et ce sont eux qui ont approfondi la question — estiment que l'hypothèse de la télépathie est insuffisante et estiment qu'une explication plus approfondie est nécessaire. Les avis diffèrent quant à cette explication supplémentaire et, à ma connaissance, elle n'a pas encore été formulée scientifiquement. Il me semble probable qu'aucune explication ne correspondra à tous les faits et que le sujet n'est pas encore mûr pour la théorie. Des hypothèses de travail doivent être formulées, doivent être testées et, selon toute probabilité, doivent être rejetées, mais notre tâche principale à ce stade est l'examen minutieux et l'enregistrement des faits. L'hypothèse de travail la plus largement répandue parmi le grand public, que ce soit dans un but de moquerie ou pour fonder une croyance, est une forme grossière de l'idée selon laquelle l'intelligence persistante des personnes qui ont rompu leur lien avec la matière est volontaire, et parfois même désireux de reprendre temporairement le fil rompu et d'opérer de manière à transmettre, par tout canal ouvert, à nous qui sommes encore associés à la matière planétaire, des messages qui serviront de signe de leur existence et de leur affection continues ; et que l'organisme biologique ou la partie d'un organisme d'une personne vivante mais inconsciente ou semi-consciente est un instrument qui peut, bien que difficilement, être utilisé à cette fin.

Il est facile d'exprimer cette hypothèse de telle manière qu'elle répugne au bon sens. Il sera peut-être possible par la suite de le formuler de manière à ce qu'il corresponde dans une certaine mesure à la vérité. Mais même s'il s'avère que les intelligences peuvent exister en dehors de la surface des planètes et des éléments matériels habituels qui les accompagnent, il ne s'ensuit en aucun cas qu'elles doivent toutes, à un moment ou à un autre, s'être incarnées sur la Terre. La reconnaissance de modes d'existence très différents du nôtre, si elle peut un jour être correctement effectuée, aura une portée éclairante sur de nombreux problèmes fondamentaux de la vie et de la mort ; mais ce n'est pas le lieu de tenter de discuter d'une telle question, même si le moment était venu pour la discussion.

La Société de Recherches Psychiques, bien qu'elle étudie depuis quelque temps cette question entre autres, n'est parvenue à aucun accord à ce sujet ; le seul fait sur lequel ses membres sont généralement d'accord est la réalité d'une sorte de télépathie, une influence apparemment directe entre esprit et esprit ; et la télépathie est sans doute un fait important, mais il ne s'ensuit nullement qu'elle soit un passe-partout capable de fournir la solution de toutes sortes de problèmes psychiques. Le travail principal de la Société n'a pas été la construction de théories ; il a accumulé et passé au crible une masse de preuves concernant les facultés humaines ultra-normales, il a publié de nombreux documents et critiques dans ses actes, en a imprimé davantage dans son journal privé et ses membres ont écrit des livres. Les étudiants peuvent être orientés vers ces sources d'information accessibles.

Mais il est nécessaire de se faire une idée d'un sujet avant de s'en intéresser : les gens n'ont pas le temps de lire la dîme de ce qui est imprimé ; et dans la mesure où de nombreuses notions erronées et idées fausses prévalent, même parmi les personnes instruites, concernant la méthode et les motivations de la Société, ainsi que concernant ses résultats constatés, il est venu à l'esprit du Concile qu'un récit peut-être plus populaire des grandes lignes de certains des les faits, avec des exemples abrégés ou des illustrations de certains détails, pourraient être utiles en diffusant les rudiments d'une connaissance plus large concernant au moins une branche d'un sujet qui doit certainement intéresser la race humaine lorsqu'il est correctement compris.

Une déclaration populaire était peut-être d'autant plus souhaitable qu'un certain nombre d'organismes insignifiants ont surgi récemment, faisant preuve d'une énergie considérable dans le domaine de la publicité, prenant des imitations déguisées de la désignation de notre Société, mais ayant des objectifs très différents - toujours non scientifiques, parfois franchement pécuniaires - donc qu'il est fort probable qu'une certaine confusion puisse se produire.

L'idée du Conseil, en premier lieu, était d'avoir un court récit populaire ou un résumé de l'affaire Piper spécialement rédigé par l'un de ses propres membres ; mais on leur fit remarquer qu'un écrivain français avait déjà publié un petit livre d'un caractère pas très différent de celui envisagé, et s'était intelligemment frayé un chemin à travers les subtilités d'un sujet hérissé avec difficulté sous la surface et étouffé de détails tout au long. ; il a donc été jugé préférable d'utiliser le travail habile de l'écrivain français et de simplement veiller à ce qu'une traduction fidèle soit faite, en introduisant seulement occasionnellement des changements dans le sens d'abréviations supplémentaires.

C'est le livre pour lequel j'ai consenti, quoique je l'avoue avec quelques réserves, à en écrire une préface lorsqu'il serait prêt à paraître ; et maintenant que je le vois dans son costume anglais, je trouve mes craintes justifiées.

L'auteur parle avec dépréciation du but qu'il s'est fixé en l'écrivant, le qualifiant d' « un modeste ouvrage de vulgarisation », *et désarme ainsi la critique, car, considéré de ce point de vue, il est réussi ; mais je dois me garder non seulement moi-même, mais aussi tous les autres membres du Conseil du SPR, de toute approbation des sentiments et des commentaires que M. Sage répand assez généreusement dans ses pages. Pris tels qu'ils étaient prévus dans l'original, ils n'étaient pas hors de propos ; ils semblaient s'harmoniser avec le ton général et s'inscrivaient dans un schéma artistique cohérent. Traduits, ils semblent moins appropriés, mais les omettre complètement reviendrait à donner au livre un caractère différent et probablement à le gâcher. Tel qu'il est, il est lisible, plus lisible que ne le serait un traité plus profond. Laissez-le donc passer pour transmettre aux lecteurs qui n'ont ni le temps ni l'envie d'entreprendre une étude détaillée une conception de l'exemple moderne le plus remarquable du phénomène auquel j'ai commencé par faire référence - un phénomène dont un meilleur, mais en aucun cas Cela signifie qu'un traitement complet ou final peut être étudié dans l'ouvrage de M. Myers intitulé* La personnalité humaine et sa survie à la mort corporelle.

LOGE D'OLIVIER.

[1] Sous le nom de « Second Sight », par exemple.

OBJETS DE LA SOCIÉTÉ

La Société pour la Recherche Psychique a été fondée au début de 1882, dans le but de faire une tentative organisée et systématique d'enquêter sur diverses sortes de phénomènes discutables qui sont *à première vue* inexplicables sur toute hypothèse généralement admise. D'après les témoignages enregistrés de nombreux témoins compétents, passés et présents, y compris les observations faites récemment par des hommes scientifiques éminents dans divers pays, il semble y avoir, au milieu de beaucoup d'illusions et de tromperies, un ensemble important de faits auxquels cette description s'appliquerait, et ce qui donc, s'il était incontestablement établi, serait du plus haut intérêt. L'examen de ces phénomènes résiduels a souvent été entrepris par des efforts individuels, mais jamais jusqu'ici par une société scientifique organisée sur une base suffisamment large. Voici les principaux départements de travail que la Société entreprend actuellement : -

1. Un examen de la nature et de l'étendue de toute influence qui peut être exercée par un esprit sur un autre, autrement que par les canaux sensoriels reconnus.

2. L'étude de l'hypnotisme et du mesmérisme ; et une enquête sur les prétendus phénomènes de clairvoyance.

3. Une enquête minutieuse sur tout rapport, reposant sur des témoignages suffisamment forts et pas trop éloignés, d'apparitions coïncidant avec un événement extérieur (comme par exemple un décès) ou donnant des informations jusqu'alors inconnues du percepteur, ou étant vues par deux ou plusieurs personnes. indépendamment les uns des autres.

4. Une enquête sur divers phénomènes présumés apparemment inexplicables par les lois connues de la nature, et communément référés par les spiritualistes à l'action d'intelligences extra-humaines.

5. La collecte et la collation des documents existants portant sur l'histoire de ces sujets.

Le but de la Société est d'aborder ces divers problèmes sans préjugés ni préjugés d'aucune sorte, et dans le même esprit de recherche exacte et sans passion qui a permis à la Science de résoudre tant de problèmes, autrefois non moins obscurs ni moins vivement débattus. Les fondateurs de la Société ont toujours pleinement reconnu les difficultés exceptionnelles qui entourent cette branche de recherche ; mais ils croient néanmoins que, grâce à un effort patient et systématique, certains résultats d'une valeur permanente peuvent être obtenus.

Les commissions d'enquête (à l'exception de la commission des expériences) ne sont pas nommées par le Conseil ; mais tout groupe de membres et d'associés peut devenir un comité d'enquête ; et chacun de ces comités nommera, on l'espère, un secrétaire honoraire et, par son intermédiaire, rendra compte de ses travaux au Conseil de temps à autre.

Le Conseil, s'il accepte un rapport ainsi présenté pour présentation à la Société, sera prêt à considérer favorablement toute demande de fonds de la part du Comité pour l'aider à couvrir les dépenses d'une enquête expérimentale spéciale.

Le Conseil sera également heureux de recevoir des rapports d'enquête émanant de membres individuels ou d'associés, ou de personnes sans lien avec la Société. [2]

Tout rapport de ce type, ou toute autre communication relative au travail de la Société, doit être adressé à Mlle Alice Johnson (en tant que rédactrice en chef des *Actes* et *du Journal*), 20 Hanover Square, Londres, W., ou à JG Piddington, Esq., 87 Sloane Street, Londres, Sud-Ouest ; ou en Amérique au Dr Richard Hodgson, 5 Boylston Place, Boston, Mass.

Des réunions de la Société, pour la lecture et la discussion des articles, ont lieu périodiquement ; et les articles ensuite produits, avec d'autres éléments, sont, en règle générale, ensuite publiés dans les *Actes* .

LES ACTES DE LA SOCIÉTÉ peuvent être obtenus directement auprès du secrétaire, 20 Hanover Square, Londres, W., ou auprès du secrétaire de la branche américaine, ou auprès de tout libraire, par l'intermédiaire de M. R. Brimley Johnson, 4 Adam Street, Adelphi, Londres. , TOILETTES

Un Journal mensuel (d'octobre à juillet inclus) est également remis aux membres et associés. Le Journal contient des preuves fraîchement reçues dans différentes branches de l'enquête, qui sont ainsi mises à disposition pour examen et discussion par correspondance, avant que des sélections qui en sont tirées ne soient présentées d'une manière plus publique.

Le Conseil, en invitant l'adhésion des membres, croit souhaitable de citer une note préliminaire, qui figurait sur la première page de la Constitution de la Société originelle, et qui est toujours valable.

" REMARQUE. — Pour éviter toute idée fausse, il est expressément indiqué ici que l'adhésion à la Société n'implique pas l'acceptation d'une explication particulière des phénomènes étudiés, ni aucune croyance quant au fonctionnement, dans le monde physique, de forces autres que celles reconnu par les sciences physiques.

CONDITIONS D'ADHÉSION .

Les conditions d'adhésion sont ainsi définies aux articles 11 à 18 : -

La Société sera composée de : (*a*) *Membres* , qui souscriront deux guinées par an, ou effectueront un paiement unique de vingt guinées, (*b*) *Associés* , qui souscriront une guinée par an, ou effectueront un paiement unique de dix guinées.

Tous les membres et associés de la Société seront élus par le Conseil. Tout candidat à l'admission devra fournir des références approuvées par le Conseil et devra être proposé par écrit par deux ou plusieurs membres ou associés.

Toutes les souscriptions seront payables immédiatement après l'élection, puis le premier janvier de chaque année. Dans le cas de tout Membre ou Associé élu à compter du 1er octobre, sa cotisation sera acceptée comme pour l'année suivante.

L'article 22 prévoit que si un membre ou un associé souhaite démissionner, il doit en informer par écrit le secrétaire. Il reste toutefois redevable de toutes les cotisations qui resteront alors impayées.

Les dames sont éligibles en tant que membres ou associées.

PRIVILÈGES D'ADHÉSION.

Les articles 19 et 20 prévoient que les membres et les associés sont éligibles à n'importe laquelle des fonctions de la Société et ont droit à la réception gratuite des *Actes* et du *Journal* , à l'utilisation des livres de la bibliothèque dans les salles de la Société et à assister toutes les Assemblées Générales de la Société, auxquelles ils sont également autorisés à inviter des amis. Ils ont en outre le droit d'acheter les *Actes* de la Société publiés avant leur adhésion, ainsi que des exemplaires supplémentaires de toute partie ou volume, à la moitié de leur prix publié.

Les membres ont les privilèges supplémentaires d'emprunter des livres à la bibliothèque et de voter à l'élection du Conseil et à toutes les réunions de la Société.

Un sommaire de toute la série des *Actes* peut être obtenu sur demande auprès du Secrétaire, 20 Hanover Square, Londres, W.

[2] Tous les rapports ou documents qui pourraient être imprimés dans les *actes* deviendront la propriété de la Société ; mais l'auteur ou les auteurs auront le droit de recevoir 50 exemplaires de tout rapport ou article de ce type gratuitement, ainsi que des exemplaires supplémentaires, si nécessaire, moyennant une somme modique.

CHAPITRE I

La médiumnité de Mme Piper — La médiumnité est-elle une névrose ?

Mme Piper est ce que les spiritualistes appellent une *médium* , et ce que les psychologues anglais appellent une automatiste, c'est-à-dire une personne qui paraît parfois prêter son organisme à des êtres imperceptibles à nos sens, afin de leur permettre de se manifester à nos sens. nous. Je dis qu'il semble en être ainsi, non qu'il en soit ainsi. Il est difficile, pour de nombreuses raisons, d'admettre l'existence de ces êtres problématiques. Nous le nierons ou resterons sceptiques jusqu'au jour où les preuves s'avéreront trop solides pour nous.

La médiumnité de Mme Piper est l'une des plus parfaites jamais découvertes. En tout cas, c'est celle qui a été étudiée avec le plus de persévérance, de longueur et de soin par des hommes hautement compétents. Les membres de la Society for Psychical Research ont étudié les phénomènes présentés par Mme Piper pendant quinze années consécutives. Ils ont pris toutes les précautions qu'exigeaient l'étrangeté du cas, les circonstances et le scepticisme ambiant ; ils ont affronté et pesé minutieusement toutes les hypothèses. À l'avenir, les psychologues les plus orthodoxes ne pourront ignorer ces phénomènes lors de la construction de leurs systèmes ; ils seront obligés de les examiner et d'y trouver une explication, ce que leurs idées préconçues rendront parfois difficile.

Des éloges et une chaleureuse gratitude vont aux hommes qui ont étudié le cas de Mme Piper. Mais nous ne devons pas moins à Mme Piper, qui s'est prêtée aux enquêtes avec une parfaite bonne foi et souplesse. Aucun de ceux qui ont eu des relations sexuelles continues avec elle n'a l'ombre d'un doute sur sa sincérité. Elle n'a pas considéré qu'elle exerçait un nouveau type de sacerdoce ; elle a compris qu'elle était une anomalie intéressante pour la science, et elle a permis à la science de l'étudier. Une âme vulgaire n'aurait pas fait cela. Son exemple, et aussi celui de Mlle. Smith, dont le professeur Flournoy a récemment écrit, [3] méritent d'être suivis. Si les phénomènes étranges de la médiumnité n'ont pas encore été suffisamment étudiés par autant de personnes qu'on pourrait le souhaiter, les hommes de science en sont les principaux responsables. Beaucoup d'entre eux considèrent avec défaveur les faits qui bouleversent des systèmes péniblement érigés sur lesquels ils s'appuient depuis des années. Mais les médiums sont aussi coupables, car leur vanité est parfois grande et leur sincérité souvent douteuse.

Mme Piper est américaine. Son mari travaille dans un grand magasin à Boston. Bien qu'elle aime le foyer, Mme Piper a voyagé ; elle a consenti à plusieurs reprises à quitter son entourage habituel afin de prévenir tout soupçon de fraude ; elle a donné des séances à New York et ailleurs, et a fait une visite de trois mois en Angleterre.

Son éducation ne semble pas avoir été poussée très loin. Elle a sans doute beaucoup lu, comme toutes les Américaines, mais sans méthode, et sans doute très superficiellement. Son langage est banal, parfois même trivial, mais les archives ne me donnent pas l'impression qu'elle ait un esprit vraiment trivial ; le langage peut être trivial quand les idées ne le sont pas. Dans l'ensemble, la personnalité de Mme Piper est séduisante.

Le point qui intéresse naturellement l'homme de science, et particulièrement le médecin, est l'état de santé et l'hérédité morbide de Mme Piper. Nous disposons d'informations très insuffisantes à ce sujet. Je ne trouve nulle part aucun rapport circonstanciel sur cette question importante. Mme Piper était assez gravement malade en 1890 ; un médecin l'a soignée pendant plusieurs mois consécutifs ; ce monsieur était également présent à une séance qu'elle donna le 4 décembre de cette même année 1890. Il est évident qu'il était en mesure d'étudier Mme Piper de près. Le Dr Hodgson lui a demandé un rapport qui aurait été annexé aux autres documents. Mais ce médecin avait la sagesse du serpent. Il promit, mais changea d'avis et refusa catégoriquement de fournir un quelconque rapport. Le Dr Hodgson a posé au sujet une série de questions dans le but de connaître l'état de santé de ses ancêtres immédiats, notamment du point de vue neuropathique. Elle appartient à une famille qui paraît très saine et nullement sujette aux maladies nerveuses.

L'état de santé général de Mme Piper est encore plus intéressant pour notre enquête que celui de ses ancêtres, puisque la plupart des médecins s'obstinent à voir dans la médiumnité une névrose, sœur ou cousine de l'hystérie ou de l'épilepsie.

Il est indéniable que de nombreux médiums présentent telle ou telle particularité physiologique. Eusapia Paladino, par exemple, présente une dépression de l'os pariétal gauche. Mais d'un autre côté, Mlle. Smith de Genève, qui a été étudié par le professeur Flournoy, semble jouir d'une santé aussi bonne que celle de tout le monde, voire d'une santé florissante. Peut-être qu'une recherche approfondie permettrait de découvrir un défaut, mais la personne qui ne devrait pas trahir une particularité héritée ne pourrait probablement pas être trouvée.

En ce qui concerne Mme Piper, elle semble avoir joui d'une santé irréprochable jusque vers 1882 ou 1883. La date exacte n'est pas précisée. Vers cette époque, elle souffrait d'une tumeur causée par un coup de traîneau et elle craignait le cancer. Cette maladie lui fit découvrir sa médiumnité. Jusqu'à présent, absolument rien d'anormal ne lui était arrivé. Les parents de son mari avaient eu, en 1884, une séance avec un médium qui les avait beaucoup impressionnés. Ils conseillaient fréquemment à leur belle-fille de prendre conseil auprès d'un médium qui donnait des consultations médicales. Pour leur plaire, elle s'est rendue chez un médium aveugle nommé JR Cocke, et c'est là qu'elle a eu sa première perte de conscience ou « transe ». Mais nous y reviendrons.

Il faut en conclure que la prescription du médium n'a pas eu plus d'influence sur la maladie que celles des médecins ordinaires, car cette tumeur a continué pendant longtemps à rendre la santé de Mme Piper assez précaire. Elle ne décide qu'en 1893 de subir une opération chirurgicale : la laparotomie. Aucune complication n'en résulta et sa convalescence fut rapide. Cependant, en 1895, la séquelle de cette opération fut une grave hernie, qui nécessita une seconde opération en février 1896. Elle ne se rétablit complètement qu'en octobre de la même année.

Beaucoup de personnes seront disposées à croire que la tumeur de Mme Piper est l'explication de sa médiumnité, d'autant plus que la médiumnité n'est apparue qu'après la tumeur. Il est assez difficile de leur prouver le contraire. Il y a cependant un fait qui semble indiquer qu'ils se tromperaient. Lorsque Mme Piper est malade, sa médiumnité diminue ou devient moins lucide ; elle ne fournit que des communications incohérentes, fragmentaires ou tout à fait fausses. La syncope ou « transe », facile lorsqu'elle va bien, devient difficile, voire impossible, lorsqu'elle est malade. Sa santé est bonne depuis sa dernière opération, les syncopes sont faciles et les communications obtenues dans cet état ont acquis un degré de cohérence et de plausibilité qui lui manquait auparavant.

Si donc la médiumnité de Mme Piper était le résultat d'une maladie, il est étrange que sa guérison ait favorisé le développement et le perfectionnement de cette même médiumnité. Il semble y avoir ici une contradiction. Je ne suis pas compétent sur la question, mais, en examinant les faits, j'ai peine à croire que la médiumnité soit une simple névrose. Après tout, n'y a-t-il pas des savants célèbres qui déclarent que le génie lui-même n'est qu'une névrose ? A leurs yeux, le bandit n'est qu'un malade ; mais le génie aussi n'est qu'un malade.

S'il est vrai que le meilleur et le pire de l'humanité ne sont que les faces opposées d'une même médaille, nous serions tentés de penser que l'humanité est encore plus pitoyable que nous ne l'avons cru jusqu'à présent.

[3] *Des Indes à la Planète Mars ; étude sur un cas de somnambulisme* , par Th. Flournoy. Pub. Alcan, Paris.

CHAPITRE II

Avant d'aller plus loin, je dois demander à mes lecteurs la permission de présenter le Dr Hodgson, l'homme qui a étudié le cas de Mme Piper avec le plus grand soin et avec le plus de persévérance. Le Dr Richard Hodgson s'est rendu en Amérique expressément pour observer cette médium, et pendant une quinzaine d'années, il ne l'a pour ainsi dire pas perdue de vue un seul instant. Toutes les personnes qui siégeaient depuis longtemps sont passées entre ses mains ; il les présente sous des noms d'emprunt et prend toutes les précautions possibles pour que Mme Piper, dans son état normal, n'obtienne aucune information à leur sujet. Ces précautions sont désormais superflues. Mme Piper n'a jamais eu recours à la fraude, et tout le monde en est parfaitement convaincu. Mais le moindre relâchement du contrôle rendrait suspectes les expériences les plus décisives.

Le Dr Hodgson est l'un des premiers travailleurs de la Society for Psychical Research. Il a été un terrible ennemi de la fraude toute sa vie. Au moment de la formation de la Société, Mme. Blavatsky, fondatrice de la Société Théosophique, faisait beaucoup parler d'elle. Les phénomènes les plus extraordinaires auraient eu lieu au siège de la Société Théosophique en Inde. Le Dr Hodgson y fut envoyé pour les étudier de manière impartiale. Il découvre rapidement que toute cette affaire n'est que charlatanisme et tour de passe-passe. A son retour en Angleterre, il rédigea un rapport — qui n'a pas tué la Théosophie, car même les religions naissantes ont une forte vitalité — mais qui a discrédité à jamais cette doctrine aux yeux des gens réfléchis.

Après ce coup de maître, le Dr Hodgson continue de traquer les médiums frauduleux. Il apprit toutes leurs astuces et acquit le talent d'un prestidigitateur. C'est encore lui qui découvrit les fraudes inconscientes [4] d'Eusapia Paladino lors des séances que ce médium italien donnait à Cambridge. Lorsqu'un tel homme, après une longue étude des phénomènes de Mme Piper, affirme leur validité, nous pouvons le croire. Il n'est ni crédule, ni enthousiaste, ni mystique. J'ai écrit assez longuement sur lui, car, par la force des choses, son nom apparaîtra souvent dans ces pages.

Revenons à Mme Piper et aux phénomènes qui nous intéressent particulièrement. Mme Piper entre spontanément en transe, sans l'intervention d'aucun magnétiseur. J'expliquerai plus loin, longuement, ce qu'il faut entendre par « transe ».

Le professeur Charles Richet était une des personnes qui ont eu une séance avec notre médium pendant son séjour à Cambridge. Il décrit la transe en ces termes :

« Elle est obligée de tenir la main de quelqu'un pour entrer en transe. Elle tient la main plusieurs minutes, silencieusement, dans la pénombre. Au bout d'un certain temps — de cinq à quinze minutes — elle est prise de légères convulsions spasmodiques, qui s'accentuent. , et se termine par une très légère crise épileptiforme. En sortant de là, elle tombe dans un état de stupeur, avec une respiration un peu saccadée ; cela dure environ une minute ou deux, puis, tout à coup, elle sort de la stupeur avec un souffle ; éclat de mots. Sa voix est changée ; ce n'est plus Mme Piper, mais un autre personnage, le Dr Phinuit, qui parle d'une voix forte et masculine dans un mélange de patois nègre, de français et de dialecte américain.

Sir Oliver Lodge, FRS, bien connu des savants anglais et à l'époque professeur de physique à Liverpool, décrit l'ouverture de la transe à peu près dans les mêmes termes que le professeur Richet dans le remarquable rapport qu'il publia en 1890 sur les séances qu'il a eues avec Mme Piper. Il constate également une légère crise d'épileptiforme, tout en ajoutant qu'il ne "fait pas semblant de parler médicalement". [5]

La personnalité Phinuit, dont parle le professeur Richet dans le passage cité ci-dessus, est ce que les spiritualistes appellent un « contrôle ». Par « contrôle », on entend l'être mystérieux qui est censé avoir temporairement pris possession de l'organisme du médium. Ces contrôles ne sont-ils que des personnalités secondaires, ou sont-ils, comme ils le déclarent eux-mêmes, des esprits humains désincarnés, des esprits de morts qui reviennent communiquer avec nous en utilisant un organisme en transe comme une machine ? Dans les deux cas, ils doivent avoir un nom. Phinuit a été l'un des principaux contrôles de Mme Piper, mais il est loin d'être le seul. Au contraire, ils ont été légion, et, ce qui est étrange, ces contrôles apparaissent comme des personnalités aussi distinctes que possible les unes des autres, chacune avec son style de langage, sa croyance, ses opinions, ses astuces de discours ou de manière.

La transe de Mme Piper a un peu changé d'aspect avec le développement et le perfectionnement de sa médiumnité. Autrefois, les commandes communiquaient uniquement en utilisant sa voix ; puis certains d'entre eux se mirent à écrire. Dans certaines séances, une personnalité communiquait par la voix, tandis qu'une autre, entièrement différente et parlant de sujets tout à fait différents, communiquait simultanément par écrit. Depuis quelques années, les commandes ne communiquent que par écrit et s'utilisent uniquement avec la main droite. Le bras droit du médium est en mouvement vif, tandis que le reste du corps reste inerte, penché en avant sur des coussins.

Dans un long rapport qui vient de paraître [6] M. James Hyslop, professeur de logique et d'éthique à l'Université de Columbia, dans l'État de New York, décrit en détail le début de la transe telle qu'elle se produit actuellement. Lors de la première séance qu'il eut avec Mme Piper, il s'assit à plus d'un mètre d'elle, dans une position qui lui permettait d'observer attentivement tout ce qui se passait.

Le médium restait tranquillement assis dans un fauteuil pendant trois ou quatre minutes. Puis sa tête trembla et son sourcil droit se contracta ; pendant tout ce temps, elle se coupait les ongles. Elle se pencha alors sur les coussins qui avaient été placés sur la table pour que sa tête repose, ferma et se frotta les yeux ; son visage fut légèrement congestionné pendant quelques instants. Elle rouvrit les yeux, et les globes oculaires furent visibles, légèrement retournés ; elle se moucha et recommença à soigner ses ongles. Son regard devint légèrement fixe. Son visage changea encore une fois ; la rougeur disparut et elle pâlit légèrement. Les muscles se détendirent, la bouche fut un peu tirée d'un côté et le regard devint plus fixe. Finalement, sa bouche s'ouvrit et la transe s'installa doucement, comme un évanouissement, sans lutte. Ensuite, le Dr Hodgson disposa sa tête sur les coussins avec sa joue droite sur sa main gauche, de sorte que son visage soit tourné vers la gauche et qu'elle ne puisse pas voir sa main droite, qui commença bientôt à écrire automatiquement.

Pendant la transe, la sensibilité de l'organisme de Mme Piper aux excitations extérieures est très émoussée. Si son bras est piqué, même fortement, on le retire mais lentement ; si on lui met une bouteille d'ammoniaque à ses narines, et qu'on a soin de l'inhaler, sa tête ne trahit pas de sensation au moindre mouvement. Un jour, si je ne me trompe, le Dr Hodgson lui mit une allumette allumée au bras et demanda à Phinuit s'il la sentait. [7]

"Oui," répondit Phinuit, "mais pas grand-chose, tu sais. Qu'est-ce qu'il y a ? Quelque chose de froid, n'est-ce pas ?"

Ces expériences et bien d'autres montrent que si la sensibilité n'est pas abolie, elle est du moins très émoussée.

On pourrait conclure de ce qui précède que Mme Piper serait un excellent sujet hypnotique. Elle n'a rien de tel. Sans être précisément réfractaire à l'hypnotisme, elle n'est qu'un sujet hypnotique indifféremment bon. Le professeur William James de Harvard a fait des expériences pour élucider ce point. Ses deux premières tentatives pour hypnotiser Mme Piper furent totalement infructueuses. Entre le deuxième et le troisième, le professeur William James demanda à Phinuit, en transe médiumnique, de bien vouloir l'aider à rendre le sujet hypnotisable. Phinuit a promis ; en fait, il promet toujours tout ce qu'on lui demande. A la troisième tentative, Mme Piper s'endormit légèrement, mais ce n'est qu'à la cinquième séance qu'il y eut un véritable sommeil hypnotique, accompagné des phénomènes automatiques et musculaires habituels. Mais il était impossible d'obtenir autre chose. L'hypnose et la transe, chez Mrs Piper, n'ont aucun point de ressemblance. En transe, la mobilité musculaire est extrême. En hypnose, c'est tout le contraire. Si on lui ordonne pendant l'hypnose de se souvenir de ce qu'elle a dit ou fait, elle s'en souvient. Pendant la transe, on a demandé plus d'une fois au contrôle de faire en sorte que Mme Piper se souvienne, au réveil, de ce qu'elle avait dit ; mais cela n'a jamais réussi. Pendant la transe médiumnique, elle semble lire comme dans un livre les recoins les plus profonds de l'âme des personnes présentes. Pendant l'hypnose, il n'y a aucune trace de cette lecture de pensée. Bref, la transe médiumnique et le sommeil hypnotique ne sont pas une seule et même chose. Quelle que soit la nature réelle de la différence, cette différence est si grande qu'elle frappe d'emblée l'observateur le moins attentif.

[4] De l'avis des principaux témoins des audiences de Cambridge, les fraudes d'Eusapia Paladino n'étaient pas inconscientes. M. Myers a déclaré, dans le rapport à la Société immédiatement après les séances : « Je ne peux douter que nous ayons observé beaucoup de fraudes conscientes et délibérées, d'une sorte qui a dû nécessiter une longue pratique pour l'amener à son niveau actuel de compétence. » *Journal de la Société pour la Recherche Psychique* pour 1895, p. 133, *trad.*

[5] *Proc. du SPR* , vol. vi. p. 444.

[6] *Proc. du SPR* , vol. XVI.

[7] *Proc. du SPR* , vol. viii. p. 5.

CHAPITRE III

Premières transes – Premières observations minutieuses du professeur
William James de l'Université Harvard, Massachusetts, États-Unis

J'ai déjà expliqué à quelle occasion Mme Piper eut sa première transe. Atteinte d'une tumeur traumatique, elle était allée demander conseil à un médium aveugle nommé Cocke. Ce médium donnait des consultations médicales, mais il affirmait aussi avoir le pouvoir de développer une médiumnité latente. Lors de cette première séance, Mme Piper ressentit des frissons très étranges et crut qu'elle allait s'évanouir. A la séance suivante, M. Cocke lui posa les mains sur la tête. Elle sentit aussitôt qu'elle était sur le point de perdre connaissance. Elle vit un flot de lumière, ainsi que des visages humains méconnus, et une main qui flottait devant son visage. Elle ne se souvient pas de ce qui s'est passé par la suite. Mais à son réveil, on lui apprit qu'une jeune Indienne nommée *Chlore* s'était manifestée à travers son organisme et avait donné une remarquable preuve de survie après la mort à une personne qui se trouvait là.

Mme Piper était donc en réalité une médium. Ses amis personnels ont immédiatement commencé à organiser des séances avec elle. Peu à peu, des étrangers furent admis dans ce cercle privé. Divers esprits autoproclamés communiquaient par son intermédiaire dans les premiers jours. Phinuit, qui prit plus tard possession presque entièrement de l'organisme de Mme Piper, était loin d'être seul au début ; sa place était contestée. Les premiers témoins, si l'on en croit eux-mêmes, furent l'actrice Mme Siddons, le musicien Jean-Sébastien Bach, le poète Longfellow, le commodore Vanderbilt le multimillionnaire et une jeune Italienne nommée Loretta Ponchini.

Au début, le Dr Phinuit, lors de sa comparution, se limitait à diagnostiquer et à donner des conseils médicaux. Il pensait que tout le reste était indigne de lui.

Enfin, un soir, Jean-Sébastien Bach annonça que lui et tous ses compagnons étaient sur le point de concentrer leur pouvoir sur le Dr Phinuit et d'en faire le contrôle principal. Naturellement, nous ne savons pas ce qu'ils ont fait, mais il est certain qu'à partir de ce moment-là, le Dr Phinuit est devenu tellement le principal contrôle qu'il a eu la possession presque exclusive de l'organisme de Mme Piper pendant des années. Comme nous le verrons, il cessa de se limiter à donner des consultations médicales. Il répondait volontiers à toutes les questions qui lui étaient adressées, et il parlait même volontiers de toutes sortes de sujets sans être interrogé du tout.

La première personne d'intelligence instruite qui eut l'occasion d'examiner et d'étudier, bien que de manière quelque peu sommaire, les phénomènes de transe de Mme Piper, fut le professeur William James de l'Université Harvard. En 1886, il en fit un bref rapport, qu'il publia dans les *Actes de l'American Society for Psychical Research* . Le professeur James n'a pas d'abord reconnu toute l'importance de l'affaire Piper. Aucun rapport sténographique des séances n'a été rédigé et il n'a même pas pris de notes complètes. Il s'est cependant assuré que la fraude n'avait rien à voir avec le phénomène, mais sans prendre toutes les précautions minutieuses que d'autres ont prises depuis. Il s'est assuré qu'il y avait là un mystère intéressant, et il le dit dans son rapport, mais il a laissé à d'autres le soin de chercher la clé. Mais je rendrai compte des séances du professeur James, d'abord parce qu'il serait inapproprié de négliger les études même superficielles d'un homme d'une telle éminence, et ensuite parce qu'elles donneront à mes lecteurs une idée claire des phénomènes. . [8]

Le professeur James fit la connaissance de Mme Piper à l'automne 1885 de la manière suivante. Sa belle-mère, Mme Gibbens, avait entendu une amie parler de Mme Piper, et comme elle n'avait jamais vu de médium, elle demanda à s'asseoir par curiosité. Mme Gibbens, devenue sceptique, est revenue plutôt impressionnée. Elle avait entendu un certain nombre de détails privés qui, selon elle, étaient inconnus en dehors de sa famille. Le lendemain, la belle-sœur du professeur James alla à son tour voir Mme Piper et obtint des résultats encore meilleurs que sa mère. Par exemple, l'enquêteur avait placé une lettre en italien sur le front du médium. Force est de constater que Mme Piper ignore totalement ce langage. Néanmoins, Phinuit a donné un certain nombre de détails parfaitement exacts sur l'auteur de la lettre. Le mystère devenait intéressant, car le jeune Italien qui l'avait écrit n'était connu que de deux personnes dans tous les États-Unis. Plus tard, lors d'autres séances, Phinuit donna le nom exact de ce jeune homme, ce qu'il n'avait pu faire au début.

On imagine l'attitude du professeur James lorsque ces faits lui furent rapportés. Il a fait ce que la plupart d'entre nous font ou ont fait. Il jouait l' *esprit fort* , plaisantait sur la crédulité de ses proches et pensait que les femmes manquaient décidément d'esprit critique. Sa curiosité n'en était pas moins éveillée. Quelques jours après, en compagnie de sa femme, et après avoir pris toutes les précautions possibles pour que Mme Piper ne connaisse pas à l'avance son nom ni ses intentions, il alla lui demander une séance. Des détails intimes, principalement sur la famille de Mme James, ont été répétés. D'autres, encore plus circonstanciels, ont été donnés. Ce qui fut le moins facilement obtenu, c'était justement ce qui aurait pu être appris avec le plus de facilité si Mme Piper avait obtenu ces détails frauduleusement ou par des moyens normaux, à savoir les noms propres. Le professeur James fut le premier à remarquer un fait qu'un grand nombre d'observateurs ont depuis remarqué. L'impression que les noms sont criés à Phinuit par un esprit est inévitable. Phinuit, qui doit les transmettre, entend imparfaitement, sans doute à cause de sa position, que tous les témoins qualifient de très inconfortable et douloureuse : l'organisme du médium semble plonger les témoins dans une semi-somnolence.

Ainsi Phinuit déforme les noms qu'il répète. Il semble que l'esprit communicant en soit conscient et corrige. Phinuit répète ainsi le nom plusieurs fois, et ne parvient bien souvent à le donner exactement qu'après plusieurs tentatives. Il arrive même parfois qu'un nom ne puisse être prononcé en totalité lors d'une séance, mais alors il l'est généralement lors d'une séance ultérieure.

Ainsi, lors de cette première séance du professeur James, le nom de son beau-père, *Gibbens* , fut d'abord donné comme *Niblin* , puis comme *Giblin* . Le professeur James avait perdu un enfant un an auparavant. Il a été mentionné et son nom, *Herman* , a été donné comme *Herrin* . Mais les détails qui accompagnaient l'énonciation du nom empêchaient les assistants de se tromper sur la personne visée.

Le professeur James tira de cette première séance la conclusion qu'à moins que Mme Piper, par un hasard inexplicable pour lui, ne connaisse intimement sa propre famille et celle de sa femme, elle devait être dotée de pouvoirs surnaturels. Bref, son premier scepticisme fut ébranlé et il eut douze autres séances avec Mme Piper au cours de l'hiver. De plus, il obtint des détails circonstanciels auprès de parents et d'amis qui avaient également des séances.

Voici quelques exemples de la clairvoyance de Phinuit. [9]

La belle-mère du professeur James avait, à son retour d'Europe, perdu son livret de banque. Lors d'une séance tenue peu de temps après, on a demandé à Phinuit s'il pouvait l'aider à le retrouver. Il lui a dit exactement où il se trouvait et c'est là qu'il a été trouvé.

Lors d'une autre séance, Phinuit dit au professeur James, qui cette fois n'était pas accompagné de Mme James : "Votre enfant a un garçon nommé Robert F. comme compagnon de jeu dans notre monde." Les F. étaient les cousins de Mme James, qui vivait dans une ville éloignée.

De retour chez lui, le professeur James dit à sa femme : « Vos cousins les F. ont perdu un enfant, n'est-ce pas ? Mais Phinuit s'est trompé sur le sexe ; il a dit que c'était un garçon. Mme James confirma la parfaite exactitude des informations de Phinuit ; son mari s'était trompé.

Lors de la deuxième séance que Mme Gibbens a eue, on lui a dit entre autres choses qu'une de ses filles, mentionnée nommément, souffrait à ce moment-là d'une vive douleur au dos, à laquelle elle n'était en aucun cas sujette. Le détail s'est avéré exact.

À une autre occasion, Phinuit annonça à Mme James et à son frère, avant l'arrivée de tout télégramme, la mort de leur tante, survenu à New York. Il est vrai que cette mort était momentanément attendue.

Lors d'une autre séance, Phinuit dit au professeur James : « Vous venez de tuer un chat gris et blanc avec de l'éther. Le misérable animal a tourné en rond longtemps avant de mourir. C'était tout à fait vrai.

Phinuit, encore une fois, raconta à Mme James que sa tante à New York, celle dont il avait annoncé la mort, lui avait écrit une lettre la mettant en garde contre toutes sortes de médiums. Et il a esquissé le personnage de la vieille dame, sans beaucoup de respect, d'une manière très amusante.

Je cite ces exemples pour donner une idée du type d'informations fournies par les contrôles de Mme Piper. Mais il ne faut pas croire que ce soit tout. Les contrôles n'ont pas besoin d'être suppliés pour parler. Phinuit est particulièrement bavard et parle souvent pendant une heure. Ses remarques sont souvent incohérentes, et souvent aussi manifestement fausses. Mais, à tout le moins, dans les bonnes séances, la véracité et l'exactitude prédominent de beaucoup, quelle que soit la source d'où Phinuit tire ses faits ; s'il les tient d'esprits désincarnés, comme il l'affirme ; qu'il les lise dans la conscience ou le subconscient du sujet, ou qu'ils lui soient fournis par ce qu'il appelle « l'influence » que les personnes auxquelles appartenaient les objets qui lui sont présentés ont laissé sur eux.

J'ai oublié de dire que Phinuit demande qu'on lui apporte des objets quelconques ayant appartenu aux personnes au sujet desquelles il est consulté. Il touche les objets et dit aussitôt : « Je ressens l'influence de tel homme ; il est mort ou il est vivant ; telle chose lui est arrivée. » Les détails se succèdent, pour la plupart exacts.

Comme je l'ai déjà dit en parlant du professeur James, Phinuit montrait une connaissance intime de la famille de Mme James. Or, il n'y avait aucun membre de la famille dans le quartier ; certains étaient morts, d'autres en Californie et d'autres dans l'État du Maine.

Ce que j'ai dit suffira à donner au lecteur une première idée des traits généraux des phénomènes. Je pourrai désormais, en rapportant les faits, examiner au fur et à mesure les hypothèses qu'ils suggèrent.

[8] *Proc. du SPR* , vol. vi. p. 651.

[9] *Proc. du SPR* , vol. vi. p. 657.

CHAPITRE IV

L'hypothèse de la fraude – L'hypothèse de la lecture musculaire –
« Influence ».

Lorsqu'on relate des phénomènes de cette nature, la première hypothèse qui vient à l'esprit du lecteur est celle de la fraude. Le médium est un imposteur. Sa ruse est peut-être ingénieuse et soigneusement dissimulée, mais ce n'est certainement qu'une ruse. Par conséquent, afin de poursuivre ces études avec de bons résultats, cette hypothèse doit être éliminée une fois pour toutes. Maintenant, ce n'est pas facile. La plupart des hommes sont faits de telle sorte qu'ils ont une haute opinion de leur propre perspicacité, mais généralement une très mauvaise opinion de celle des autres hommes. Ils croient toujours que s'ils avaient été là, ils auraient pu rapidement découvrir l'imposture. Par conséquent, aucune précaution ne doit être omise ; toutes les précautions doivent être prises, et on verra que les observateurs du phénomène de Mme Piper n'ont pas négligé de le faire.

Le professeur James a caché l'identité du plus grand nombre possible de personnes qu'il a présentées à Mme Piper. Personnellement, il fut vite convaincu que la fraude n'avait rien à voir avec le phénomène. Mais il s'agissait de convaincre les autres. Un membre de la Société de Recherche Psychique a pensé que ce serait une bonne idée de faire suivre Mme Piper par des détectives lorsqu'elle sortait, et pas seulement elle-même, mais tous les autres membres de sa famille. Une idée singulière, à mon avis. Cependant, si des détectives n'avaient pas été employés, beaucoup de gens croiraient encore aujourd'hui qu'il serait possible d'élucider le mystère Piper en très peu de temps, de la manière la plus naturelle au monde. C'est pourquoi le Dr Hodgson, dès son arrivée en Amérique, a mis les détectives sur les traces de M. et Mme Piper. Absolument rien n'a été découvert ; M. et Mme Piper n'ont posé à personne des questions indiscrètes, n'ont fait aucun voyage suspect, n'ont pas visité les cimetières pour lire les noms sur les tombes. Enfin, Mme Piper, dont la correspondance est toujours limitée, n'a reçu aucune lettre des agences de renseignement.

Plus tard, la méthode utilisée pour s'assurer de sa bonne foi fut révélée à Mme Piper. Elle n'était pas du tout offensée ; au contraire, elle voyait combien la précaution était absolument légitime. C'est une autre preuve de sa droiture et de son intelligence.

Là encore, l'idée que Mme Piper puisse obtenir les informations qu'elle donne grâce à des enquêtes menées à l'étranger est *a priori* absurde pour quiconque a étudié le phénomène avec le moindre soin. Ses modèles, qu'elle recevait sous des noms d'emprunt, au nombre de plusieurs centaines, venaient de tous les points des États-Unis, d'Angleterre et même d'autres parties de l'Europe. La plupart passèrent entre les mains du professeur James et du docteur Hodgson, et toutes les précautions nécessaires furent prises pour que Mme Piper les voie pour la première fois quelques instants seulement avant le début de la transe. En effet, ils n'étaient souvent introduits qu'après le début de la transe. Ces précautions n'ont jamais nui aux résultats. Les séances, du moins celles qui n'étaient pas gâchées par l'état de santé du médium, ont toujours été marquées par un grand nombre de détails parfaitement précis.

Si Mme Piper obtenait l'information par des espions à son service, ces espions seraient obligés de lui envoyer des informations privées sur toutes les familles aux États-Unis et en Europe, puisqu'elle ne sait presque jamais à qui elle donnera une séance le lendemain. Le Dr Hodgson s'arrange pour elle. Autrefois, le professeur James faisait cela, du moins dans un grand nombre de cas. Or l'honnêteté scientifique du docteur Hodgson ou du professeur James (je ne le mentionne que pour les lecteurs étrangers qui ne connaissent peut-être pas la réputation de ces deux messieurs) ne peut pas plus être suspectée que celle d'un Charcot, d'un Berthelot ou d'un Pasteur. Alors, quel intérêt pourraient-ils avoir à nous tromper ? Ces expériences leur avaient coûté des sommes considérables, sans parler du temps et des ennuis ; ils n'en ont jamais profité.

Encore une fois, Mme Piper est sans fortune. Elle n'aurait pas les moyens de payer une police comme elle en aurait besoin. Elle est payée pour ses séances, c'est vrai ; elle gagne environ deux cents livres par an, mais un tel service de police lui en coûterait des milliers. Mais il existait un excellent moyen de mettre hors de question l'hypothèse d'une fraude ; il s'agissait de sortir Mme Piper de son environnement habituel, dans un pays où elle ne connaissait personne. Cela a été fait. Certains membres de la Society for Psychical Research l'invitèrent en Angleterre pour donner des séances chez eux. Elle y consentit sans aucune difficulté. Elle arriva en Angleterre le 19 novembre 1889, *sur le bateau à vapeur Scythia* de la Cunard Company . Frederic Myers, dont la psychologie déplore la récente perte, aurait dû se rendre sur les quais et l'emmener chez lui à Cambridge. Mais au dernier moment, il fut appelé à Édimbourg et demanda à son ami, le professeur Oliver Lodge, dont nous avons déjà parlé, de recevoir Mme Piper à sa place. Le professeur Lodge l'installe dans un hôtel avec ses deux petites filles qui l'accompagnent. Le soir même, M. Myers est arrivé et l'a emmenée chez lui le lendemain.

Les expériences commencèrent aussitôt à Cambridge. Voici ce que dit M. Myers à leur sujet :— [10]

"Je suis convaincu que Mme Piper, à son arrivée en Angleterre, apportait avec elle une connaissance très limitée des affaires anglaises et des Anglais. La servante qui s'occupait d'elle et de ses deux jeunes enfants a été choisie par moi-même et était une jeune femme. originaire d'un village de campagne que j'avais toutes les raisons de croire à la fois digne de confiance et aussi tout à fait ignorant de mes propres affaires ou de celles de mes amis. Pour la plupart, je n'avais pas moi-même déterminé les personnes que j'inviterais à s'asseoir avec elle. en grande partie par hasard ; plusieurs d'entre eux ne résidaient pas à Cambridge et, sauf dans un ou deux cas, où l'anonymat aurait été difficile à préserver, je les lui ai amenés sous de faux noms, les présentant parfois seulement lorsque la transe était terminée. déjà commencé."

Le professeur Oliver Lodge a à son tour invité Mme Piper à venir donner des séances chez lui à Liverpool. Elle y alla et y resta du 18 décembre au 27 décembre 1889. Pendant ce temps, elle donna au moins deux séances par jour, ce qui la fatiguait beaucoup. Le professeur Lodge abandonna pour le moment tout autre travail pour l'étudier. Il énumère longuement toutes les précautions qu'il a prises pour prévenir les fraudes. Il déclare également que Mme Piper, qui était parfaitement consciente de la surveillance qui était exercée sur elle, n'a jamais manifesté le moindre mécontentement et a trouvé cela tout à fait naturel. Il se demanda si, par hasard, elle n'aurait pas dans ses bagages un livre contenant des biographies d'hommes de l'époque, et demanda la permission de fouiller dans ses malles. Elle y consentit de la meilleure grâce possible. Mais le professeur Lodge n'a rien trouvé de suspect. Mme Piper a également remis à lecture la plupart des lettres qu'elle a reçues ; ils n'étaient pas nombreux ; environ trois par semaine. Les domestiques de la maison étaient tous nouveaux ; ils ne connaissaient rien des affaires privées de la famille et ne pouvaient donc pas en informer le médium. D'ailleurs, Mme Piper n'a jamais essayé de les interroger. Mme Lodge, très sceptique au début, a gardé son discours sur ses gardes, afin de ne donner aucune bribe d'information. La Bible familiale (sur les premières pages de laquelle, selon la coutume, sont consignés des événements mémorables) et les albums photographiques ont été mis sous clé. Le professeur Lodge, comme les autres, présentait la plupart de ses modèles sous de faux noms. Enfin, il affirme que l'attitude de Mme Piper n'a jamais justifié le moindre soupçon ; elle était digne, réservée et nullement indiscrète.

Bref, pendant les quinze années où les expériences se sont poursuivies, toutes les suggestions émises par des objecteurs sceptiques et parfois violents ont été gardées à l'esprit, selon lesquelles la fraude pourrait être découverte, si fraude il y avait. Tout a été en vain. L'explication des phénomènes doit donc être recherchée ailleurs.

Quant à la transe elle-même, tous ceux qui l'ont vue s'accordent pour dire qu'elle est authentique et nullement feinte.

L'hypothèse de la fraude étant écartée, on a eu recours à une autre, qu'il est devenu également nécessaire d'abandonner : celle de la lecture des mouvements musculaires. Il apparaît que les lecteurs de pensées qui s'exposent sur l'estrade accomplissent leurs prouesses en interprétant, avec une intelligence remarquable, aiguisée par une longue pratique, les mouvements inconscients des personnes dont ils tiennent les poignets.

Or, il est vrai qu'autrefois Mme Piper devenait fascinée en tenant les deux mains, ou au moins une main, du modèle. Elle garda leurs mains dans les siennes pendant la majeure partie de la transe. Mais le professeur Lodge affirme que cela est loin d'être toujours le cas. Elle laissait souvent tomber les mains du gardien et perdait le contact avec elles pendant une demi-heure à la fois. Phinuit, ou quelque autre contrôle, continuait néanmoins à fournir des renseignements exacts. Dirons-nous que pendant qu'il se tenait la main, il avait accumulé une provision de connaissances pour toute une demi-heure ? Sérieusement, nous ne pouvons pas.

Mais comme cette objection avait été souvent formulée, les participants s'efforçaient d'éviter tout contact avec le médium. Pendant longtemps, Mme Piper est tombée en transe sans tenir la main de personne. Son corps tout entier repose, plongé dans un profond sommeil, sauf la main droite, qui écrit avec une rapidité vertigineuse et ne cherche que rarement à toucher les personnes présentes. Le professeur Hyslop, dans le rapport qui vient de paraître [11], affirme qu'il a évité avec tout le soin possible le moindre contact avec le médium, et pourtant nous verrons plus loin quelle était l'exactitude des faits qu'il a obtenus, puisqu'il croit avoir a établi l'identité de son père décédé sans aucun doute. C'est pourquoi l'hypothèse d'une lecture de pensée au moyen d'indications musculaires doit également être écartée.

Enfin, Phinuit affirme que les objets qui lui sont présentés et qu'il touche lui fournissent des renseignements sur leurs anciens possesseurs, grâce à « l'influence » que ces personnes ont laissée sur les articles ; et dans une multitude de cas, nous serions presque obligés d'admettre qu'il peut en être ainsi. Mais là, nous sommes déjà plongés dans les profondeurs du mystère. Quelle peut être cette « influence » ? Nous n'en savons rien. Faut-il y croire ? Faut-il croire Phinuit lorsqu'il dit qu'il obtient ses informations tantôt de « l'influence » laissée sur les objets, tantôt directement de la bouche des esprits désincarnés ? Avant d'en arriver là, d'autres hypothèses doivent être examinées.

[dix] *Proc. du SPR* , vol. vi. p. 438.

[11] *Proc. du SPR* , vol. XVI.

CHAPITRE V

Le lecteur ne sera peut-être pas mécontent d'avoir un échantillon de ces étranges conversations entre des êtres humains et des êtres invisibles, qui affirment qu'ils sont les esprits désincarnés de ceux qui, de jour en jour, quittent ce monde de malheur. Il ne sera pas difficile d'en donner au lecteur un exemplaire. Au moins la moitié des quatorze ou mille cinq cents pages consacrées à l'affaire Piper dans les *Actes de la Society for Psychical Research* sont composées de comptes rendus de séances, soit sténographiés, soit donnés de manière très détaillée. Dans certains de ces rapports, même les exclamations les plus insignifiantes des personnes présentes sont notées.

J'ai choisi la 47e séance qui a eu lieu en Angleterre, non pas parce qu'elle est particulièrement intéressante, mais parce que le rapport publié à ce sujet par le professeur Lodge n'est pas trop long et que je n'ai pas de place pour des développements plus approfondis.

Le récit de cette séance décevra peut-être certains lecteurs. "Quoi!" ils diront : « Est-ce tout ce que les Esprits qui reviennent de l'autre monde ont à nous dire ? Ils parlent comme nous. Ils parlent des mêmes choses. Ce ne sont pas des Esprits. Cette conclusion serait peut-être trop hâtive. Je n'affirme pas qu'ils soient des esprits ou qu'ils reviennent d'un autre monde. Je ne sais rien à ce sujet. Mais si cet autre monde existait, nous devrions nous attendre à ce qu'il n'y ait pas d'abîme entre lui et le nôtre. La nature ne fait aucun bond. C'est sûrement un principe vrai dans et pour tous les mondes.

Nous disposons d'un moyen, quoique imparfait, de tenter de découvrir si les communicateurs sont réellement des esprits de retour. Il s'agit de leur demander de prouver leur identité en relatant le plus grand nombre de faits possibles concernant leur vie sur terre. Les enquêteurs de l'affaire Piper se consacrent depuis quinze ans à cette tâche, en apparence facile, en réalité difficile et ingrate.

Dans les expériences antérieures du cas Piper, la conversation a presque toujours lieu entre les participants et le Dr Phinuit. Le Dr Phinuit n'abandonne pas volontiers son poste, même s'il le fait parfois. Lorsqu'il donne des informations qu'il dit avoir reçues d'autres Esprits, il parle parfois à la troisième personne ; parfois, au contraire, il rapporte mot pour mot à la première personne. Ce détail ne doit pas être oublié à la lecture des rapports. Ce qui suit est un rapport de la 47e séance en Angleterre.

Les modèles sont le professeur Oliver Lodge et son frère Alfred Lodge. Ce dernier prend des notes. Les phrases entre parenthèses sont des remarques faites par le professeur Lodge après la séance. [12]

PHINUIT . — " Capitaine, [13] savez-vous qu'en arrivant [14] j'ai rencontré la médium qui sortait, et elle pleure. Pourquoi ça ? "

OL — "Eh bien, le fait est qu'elle est séparée de ses enfants depuis quelques jours et qu'elle se sent plutôt déprimée."

PHINUIT .—"Comment vas-tu, Alfred ? J'ai une forte influence de ta mère. (Pause.) Par George ! c'est la bague de tante Anne (bague de sensation que j'avais mise à ma main juste avant de m'asseoir) qui t'a été remise. Et Olly chérie , [15] c'est l'une des dernières choses que je t'ai jamais données. C'est l'une des dernières choses que je t'ai dites dans le corps quand je te l'ai donné pour Marie, j'ai dit : 'Pour elle, à travers toi.'" C'est précisément exact.]

OL—"Oui, je m'en souviens parfaitement."

PHINUIT .—"Je vous le dis, je le sais, je ne l'oublierai jamais. Gardez-le en mémoire de moi, car je ne suis pas mort. Chaque esprit n'est pas si faible (?) qu'il ne puisse se souvenir de ses biens dans le corps. Ils attire-nous s'ils ont quelque chose de spécial. Je te le dis, mon garçon, je le vois aussi clairement que si j'étais dans le corps. C'était la dernière chose que je t'ai donnée, pour elle, à travers toi, toujours dans ton corps. souvenir de moi. » (La conversation et les conseils se terminent par : « Convainquez-vous [16] et laissez les autres faire de même. Nous sommes tous sujets à des erreurs, mais vous pouvez le constater par vous-même. Il y a un monsieur qui veut vous parler. »

M. E. [17] — "Lodge, comment vas-tu ? Je te dis que je suis vivant, pas mort. C'est moi. Tu me connais, n'est-ce pas ?"

OL — "Oui, ravi de vous revoir."

M. E.—"N'y abandonnez pas, [18] Lodge. Accrochez-vous-y. C'est la meilleure chose que vous ayez. C'est grossier au début, mais cela peut être bien broyé. Vous saurez mieux et corrigerez (?). Cela ne peut venir que par une transe. Il faut la mettre en transe. Il faut le faire de cette façon pour se faire connaître.

OL — "Est-ce mauvais pour le médium ?"

M. E. — "C'est le seul moyen, Lodge. Dans un sens, c'est mauvais, mais dans un autre, c'est bon. C'est son travail. Si je prends possession du corps du médium et qu'elle sort, alors je peux utiliser son organisme pour dire au des vérités importantes du monde. Il y a un pouvoir infini au-dessus de nous. Lodge, croyez-le pleinement, c'est le plus merveilleux, on peut le dire à un médium, vous avez l'air aussi sombre et matériel que possible. deux ou trois lumières brillent. C'est comme une série de pièces avec des bougies à une extrémité. Il faut utiliser l'analogie pour l'exprimer. Quand vous avez besoin d'une lumière, vous l'éteignez, quand vous avez fini, vous l'éteignez. Lodge, c'est un casse-tête pour nous ici, d'une certaine manière, même si nous le comprenons mieux que vous. Je donnerais tout ce que je possède pour le découvrir. Je m'occupe maintenant des choses matérielles, notre intérêt est bien plus grand. J'étudie dur comment communiquer ; mais ce n'est qu'une question de peu de temps avant que je sois capable de dire au monde toutes sortes de choses à travers un seul média. ou un autre. [Et ainsi de suite pendant quelque temps.] Lodge, garde ton courage, il y a encore beaucoup à espérer. Attendez un moment. Ne soyez pas pressé. Obtenez des faits ; peu importe comment ils vous appellent, poursuivez votre enquête. Testez au maximum. Rassurez-vous, puis publiez. Tout ira bien à la fin, cela ne fait aucun doute. C'est vrai."

OL—"Vous avez vu mon oncle Jerry, n'est-ce pas ?" [19]

Mr E. — « Oui, je l'ai rencontré il y a peu de temps, un homme très intelligent, et j'ai eu une conversation intéressante avec lui.

OL—« Quel genre de personne est ce Dr Phinuit ? »

M. E.—"Le Dr Phinuit est un type d'homme particulier. Il va continuellement et se retrouve avec tout le monde. Il est excentrique et pittoresque, mais bon cœur. Je ne ferais ce qu'il fait pour rien au monde. Il il s'abaisse parfois — c'est bien dommage. Il a des idées très curieuses sur les choses et les gens ; il reçoit beaucoup de choses sur les gens d'eux-mêmes (?), et il obtient des expressions et des phrases dont on n'aime pas — des phrases vulgaires qu'il choisit. en rencontrant des gens étranges par l'intermédiaire du médium. Ces choses le chatouillent, et il continue de les répéter. Il doit interviewer un grand nombre de personnes et n'a pas de solution facile pour cela. c'est vrai. Mais c'est un vieux bon cœur. Au revoir, Lodge, voilà le docteur qui arrive.

OL — "Au revoir, E. ! Content d'avoir discuté avec toi."

[*La voix du médecin réapparaît.*] [20]

PHINUIT. — "Cette [bague] appartient à votre tante. Votre oncle Jerry me dit de demander... Au fait, savez-vous que M. E. est venu ici ; l'avez-vous entendu ?"

OL — "Oui, j'ai eu une longue conversation avec lui."

PHINUIT. — "Je veux que vous interrogeiez Oncle Bob à propos de sa canne. Il l'a taillée lui-même. Elle a un manche tordu avec de l'ivoire sur le dessus. Bob l'a et y a gravé des initiales." [Il y a un bâton, mais la description est inexacte.] "Il a aussi la peau et l'anneau. Et il se souvient de Bob tuant le chat et attachant sa queue à la clôture pour le voir donner un coup de pied avant de mourir. Lui et Bob et beaucoup des gars tous ensemble dans le champ de Smith, je pense qu'il a dit. Bob connaissait Smith aussi et la façon dont ils jouaient à la vitre la veille de la Toussaint, et ils se sont également fait prendre cette nuit-là. (À Barking, où mes oncles vivaient lorsqu'ils étaient enfants, il y a un champ appelé Smith's Field, mais mon oncle ne se souvient pas de l'incident du chat.) "Tante Anne veut en savoir plus sur son manteau en peau de phoque. Qui était-ce qui est allé en Finlande ou en Norvège ?"

OL—"Je ne sais pas."

PHINUIT. — « Connaissez-vous M. Clark, un homme grand et brun, de corps ? [21]

OL—"Je pense que oui."

PHINUIT.—"Son frère veut lui envoyer son amour. Votre oncle Jerry, savez-vous, a parlé à M. E. Ils sont devenus très amicaux. E. lui a expliqué les choses. Oncle Jerry dit qu'il le dira tous les faits, et tout ce qui concerne les familles proches, etc., dont il peut se souvenir. Il dit que si vous vous souvenez de tout cela et que vous le dites à son frère, il le saura. S'il ne comprend pas bien, il devra venir me voir lui-même. , et je lui dirai comment va Mary ? [22]

OL—"Moyen ; pas très bien."

PHINUIT. — « Content qu'elle s'en aille. [Elle l'était, sur le continent ; mais Mme Piper le savait.] "William [23 ans] est content. Sa femme était très angoissée à son sujet. Vous vous souvenez de sa grande chaise où il s'asseyait et réfléchissait ?"

OL — "Oui, très bien."

PHINUIT. — « Il va souvent s'asseoir là maintenant. [24] Il se calme, dit-il. Il s'asseyait parfois en face d'une fenêtre, la tête dans les mains, et réfléchissait et réfléchissait et réfléchissait. (C'était dans son bureau.) "Il a rajeuni en apparence et beaucoup plus heureux. C'est Alec qui est tombé dans un trou du bateau, Alexander Marshall, son premier père." [25] (Correct, comme avant.) « Où est Thompson ? Celui qui a perdu le sac à main ?

OL—"Oui, je sais."

PHINUIT.—"Eh bien, j'ai rencontré son frère, et il a envoyé de l'amour à tous, à sœur Fanny, me l'a-t-il dit surtout. Il a essayé de le dire au moment de sortir, mais il n'a pas eu le temps, il était trop faible."

OL—"Oh, oui, nous venons de l'entendre."

PHINUIT.—"Oh, tu l'as fait ? Tout va bien. C'est un ange ; il l'a vue aujourd'hui. Dites à Ike que je lui suis très reconnaissant. Dites à Ike que les filles s'en sortiront bien. La mère de Ted et... .. Et comment va Susie ? Donne mon amour à Susie.

OL—"Je n'ai pas trouvé M. Stevenson à qui vous m'aviez envoyé un message. Quel est son nom ?"

PHINUIT . — " Quoi ! petite Minnie Stevenson ? Ne sais-tu pas qu'il s'appelle Henry ? Oui, Henry Stevenson. Mère d'esprit aussi, non loin de là. [26] Donnez-moi cette montre. " (Essayant de l'ouvrir.) "Tiens, ouvre-le. Sortez-le de son étui. Jerry dit qu'il a pris son couteau une fois et qu'il a fait quelques petites marques avec ici, ici près du manche, près de l'anneau, quelques petites coupures. dans la montre, regardez-la ensuite sous un bon jour et vous les verrez. (Il y a un petit paysage gravé à l'endroit décrit, mais certaines lignes d'horizon ont été coupées inutilement profondément, je pense, apparemment par malice ou par oisiveté. Je ne savais certainement rien de cela et n'avais jamais mis la montre hors service. son cas auparavant.—OJL)

Cet exemple montre le type d'informations fournies. Une grande partie de cela est vraie ; d'autres affirmations sont invérifiables, ce qui ne prouve pas qu'elles soient fausses ; d'autres contiennent à la fois de la vérité et des erreurs ; enfin, il y en a certainement qui sont entièrement fausses. C'est pour cette raison que ces conversations transcendantales ressemblent beaucoup aux conversations d'êtres humains incarnés. *Errare humanum est.* Et il semblerait que le lourd cadavre que nous traînons avec nous ne soit pas le seul responsable lorsque nous sacrifions à l'Erreur.

Mais puisque l'hypothèse d'une fraude et d'un mouvement musculaire inconscient ne peut être invoquée, où trouverons-nous la source de la masse d'informations exactes que nous donne Mme Piper ? L'hypothèse la plus simple, après celles que nous avons été obligés d'écarter, consiste à croire que le médium tire ses informations de l'esprit des personnes présentes. Elle doit être capable de lire dans leur âme, comme d'autres lisent dans un livre ; le transfert de pensée doit avoir lieu entre elle et eux. Avec ces données, elle serait censée construire des marionnettes si parfaites, si réalistes, qu'un grand nombre de modèles quittent les séances persuadés d'avoir communiqué avec leurs proches décédés. Si cela était vrai, ce simple fait serait un miracle. Aucun génie, ni le divin Homère, ni le calme Tacite, ni Shakespeare, n'aurait été un créateur d'hommes comparable à Mme Piper. Même s'il en était ainsi, la science n'aurait jamais rencontré de sujet plus digne de son attention que cette femme. Mais la plupart de ceux qui ont eu des entretiens avec Mme Piper affirment que les informations fournies n'étaient pas dans leur conscience. S'ils l'ont eux-mêmes fourni, il faut que le médium l'ait pris, non de leur conscience, mais de leur subconscient, du plus profond de leur âme, de cet abîme où reposent, hors de notre portée, des faits qui ont occupé nos esprits un instant, même très superficiellement, et y ont laissé, semble-t-il, des traces indélébiles.

Ainsi le mystère devient de plus en plus profond. Mais ce n'est pas tout. À chaque instant, Mme Piper donne aux assistants des détails qu'ils soutiennent qu'ils n'auraient jamais pu connaître. Elle doit donc les lire instantanément dans l'esprit de personnes, parfois très lointaines, qui les connaissent. C'est l'hypothèse télépathique sur laquelle nous n'insisterons pas pour le moment, car nous serons obligés de l'étudier attentivement plus tard.

Le professeur Lodge a dressé une liste, nécessairement incomplète, des incidents mentionnés par le médium dans les séances anglaises, que les participants avaient entièrement oubliés, ou qu'ils avaient toutes les raisons de supposer qu'ils n'avaient jamais connus, ou qu'il était impossible qu'ils aient jamais eu connaissance. . Cette liste contient quarante-deux incidents de ce type. Pour donner à mes lecteurs une idée de leur nature, j'en citerai quatre ou cinq. Je tirerai ces incidents de l'histoire de la famille Lodge, afin d'éviter d'introduire inutilement de nouveaux personnages.

Lors de la 16e séance [27] , le 30 novembre 1889, Phinuit dit au professeur Lodge qu'un de ses fils a un problème au mollet de la jambe. Or, à cette époque, l'enfant se plaignait simplement de douleurs au talon lorsqu'il marchait. Le médecin consulté avait prononcé un rhumatisme, et cela trottait vaguement dans l'esprit du docteur Lodge. Cependant, quelque temps après la séance, en mai 1890, la douleur se localisa au mollet. Or, il ne pouvait y avoir d'autosuggestion dans ce cas, car le professeur Lodge nous dit qu'il n'avait rien dit à son fils.

Lors de la 44e séance [28] , le professeur Lodge a demandé à son oncle Jerry, qui est censé communiquer : « Vous souvenez-vous de quelque chose lorsque vous étiez jeune ? Phinuit (pour lui) répond immédiatement : "Oui, j'ai failli me noyer. J'ai essayé de nager dans la crique, et nous, les gars, nous sommes tous montés dans un petit bateau. Nous avons été renversés. Il s'en souviendra. Demandez à Bob s'il il se souvient de la baignade dans le ruisseau ; il devrait s'en souvenir. » L'oncle Robert, consulté, se souvient parfaitement de l'incident, mais donne des détails différents. Ce genre de confusion sur les détails d'un événement lointain, la mémoire partielle, nous arrive souvent à tous.

Ainsi, les êtres désincarnés semblent ressembler aux incarnés sur ce point également. Apparemment, ce n'est pas le bateau qui s'est renversé, mais les deux jeunes Lodges, Jerry et Robert, en en sortant, ont commencé à jouer sur la berge et sont tombés dans le ruisseau. Ils étaient obligés de nager, tout habillés et contre un fort courant qui les entraînait sous une roue de moulin.

A la 46e séance, [29] Phinuit rapporte que la dernière visite faite par le père du professeur Lodge fut à cet oncle Robert, et qu'il ne se sentait pas très bien. Le professeur Lodge ne savait rien de ce fait, ou, s'il l'avait connu une fois, il l'avait si complètement oublié qu'il fut obligé de s'adresser à un de ses cousins pour savoir si c'était vrai. Le cousin a répondu en confirmant le fait.

A la 82e séance, [30] L'oncle Jerry, parlant de son frère Frank, qui vit encore, s'exprime ainsi à propos d'un événement de leur enfance :

"Oui, certainement ! Frank était plein de vie ; il a rampé une fois sous le toit de chaume et s'est caché. Que de bêtises il était capable de faire. Il faisait n'importe quoi : se passer de chemise, changer de chapeau, n'importe quoi. Il y avait une famille près de moi. nommé Rodney. Il a frappé un de leurs garçons nommé John. . Il pouvait grimper dans un arbre aussi vite qu'un singe. Quel garçon il était ! Je me souviens de sa pêche. Je me souviens de ce garçon qui pataugeait jusqu'à la taille, je pensais qu'il allait attraper le rhume, mais il ne l'a jamais fait.

Cet oncle Frank était âgé d'environ 80 ans et vivait en Cornouailles : la description générale est caractéristique. Le professeur Lodge lui a écrit pour lui demander si les détails ci-dessus étaient exacts. Il a répondu en donnant des détails précis : "Je me souviens très bien de ma bagarre avec un garçon dans le champ de maïs. Elle a eu lieu quand j'avais dix ans, et je suppose que c'était un peu un garçon-intimidateur."

Le 29 novembre [31] le professeur Henry Sidgwick, de Cambridge, eut une séance avec Mme Piper. Il fut convenu que Mme Sidgwick, qui restait à la maison, ferait quelque chose de spécialement marqué pendant la séance. Il fallait demander à Mme Piper de le décrire, pour prouver sa capacité à voir à distance. Phinuit, interrogée, a répondu : « Elle est assise sur une grande chaise, elle parle à une autre dame et elle porte quelque chose sur la tête. » Ces détails étaient parfaitement exacts. Mme Sidgwick était assise sur une grande chaise, en train de parler à Miss Alice Johnson, et elle avait un mouchoir bleu sur la tête. Cependant, Phinuit s'est trompé sur la description de la pièce dans laquelle cela s'est produit.

[12] Pour un rapport détaillé de ces séances, voir *Proc. du SPR*, vol. vi.

[13] Lors de la première séance à Liverpool, il fut question d'un capitaine de vaisseau. Phinuit, qui aimait plutôt les surnoms, attachait en plaisantant l'épithète « Capitaine » au professeur Lodge.

[14] *C'est-à-dire* « Comme je suis entré dans l'organisme du médium ».

[15] Ici, Phinuit est censé rapporter à la première personne les mots de tante Anne, traitée comme si elle était présente.

[16] D'une vie future.

[17] Phinuit semble être parti et M. E. prend sa place. Ce M. E. était un ami intime du professeur Lodge ; il s'était présenté lors d'une séance précédente et avait présenté des preuves de son identité, qui furent vérifiées par la suite. Le professeur Lodge reconnut sa façon de s'adresser. Phinuit, nous nous en souvenons, s'adressait toujours au professeur Lodge en l'appelant « Capitaine ».

[18] L'enquête sur les questions psychiques.

[19] Conformément à une déclaration faite précédemment par Phinuit.

[20] Ces changements dans la voix du médium sont très surprenants. S'il y a fraude dans cette affaire, Mme Piper doit être l'actrice la plus accomplie qui soit apparue jusqu'à présent.

[21] *C'est-à-dire* , toujours en vie.

[22] Mme Lodge.

[23] Le beau-père de Mme Lodge.

[24] Ces affirmations, selon lesquelles les Esprits retournent dans les lieux où ils ont vécu et font à notre insu ce qu'ils avaient l'habitude de faire, sont très étranges. Mais la littérature sur le sujet regorge de tels récits.

[25] Le père de Mme Lodge. Phinuit avait fait allusion à cet accident lors d'une séance précédente, mais sans pouvoir expliquer s'il était arrivé au père de Mme Lodge ou à son beau-père.

[26] Dans ces communications, les soi-disant esprits affirment toujours que les morts s'éloignent de plus en plus de notre univers, selon le temps et leur propre progrès. L'épisode Stevenson, évoqué ci-dessus, est décrit à la page 71.

[27] *Proc. du SPR* , vol. vi. p. 467.

[28] *Ibid.* p. 503.

[29] *Proc. du SPR* , vol. vi. p. 514.

[30] *Ibid.* , p. 549.

[31] *Proc. du SPR* , p. 627.

CHAPITRE VI

Phinuit - Son origine probable - Son caractère - Ce qu'il dit de lui-même -
Son français - Son diagnostic médical - N'est-il qu'une personnalité
secondaire de Mme Piper ?

Une question intéressante se pose au point où nous en sommes : « Qu'est-ce
que Phinuit ? D'où son nom ? D'où vient-il ? Faut-il croire qu'il est un esprit
humain désincarné, comme il l'affirme lui-même obstinément, ou faut-il le
considérer comme une personnalité secondaire de Mme Piper ?" S'il est un
esprit, cet esprit n'est pas doué de l'amour de la vérité, comme nous le
verrons, et sur ce point il ressemble trop à beaucoup d'entre nous. En tout
cas on peut remarquer au passage l'obstination de ces contrôles à vouloir
passer pour des esprits désincarnés ; le fait mérite au moins qu'on s'y attarde.
Je suis prêt à admettre qu'il peut s'agir d'une suggestion imposée par le
médium à ses personnalités secondaires ; mais je me demande pourquoi cette
suggestion ne pourra jamais être annulée. De nombreux efforts ont été
déployés, surtout dans le cas de Phinuit ; elles n'ont fini que par provoquer
les plaisanteries du médecin désincarné, qui tient absolument à rester un
esprit. Quoi qu'il en soit, nous nous efforcerons ici de découvrir l'origine de
ce contrôle.

On n'oubliera pas que la médiumnité de Mme Piper s'est épanouie, si je puis
m'exprimer ainsi, lors des séances qu'elle a eues avec le médium aveugle JR
Cocke. Or, ce médium était alors, et a, je crois, toujours été depuis, contrôlé
par un certain médecin appelé Albert G. Finnett, médecin français de la vieille
école qui a produit Sangrado. Ce vieux chirurgien-barbier, comme le
surnomme son médium, est très modeste. Il dit qu'il n'est « personne en
particulier » ; J'espère qu'il ne veut pas dire qu'il ressemble au Capitaine Nemo
de Jules Verne. Il existe une ressemblance considérable entre ce nom Finnett
et la prononciation anglaise de Phinuit. Nous pouvons donc nous demander
si le médium Cocke, en développant la médiumnité de Mme Piper, ne lui a
pas également fait cadeau de son contrôle. Le Dr Hodgson a interrogé
Phinuit à plusieurs reprises sur ce point. Mais Phinuit affirme qu'il ne sait pas
ce que cela signifie et que celui de Mme Piper est le premier organisme
humain à travers lequel il s'est manifesté. Je n'essaierai pas de trancher la
question.

Si Phinuit n'a pas varié quant à son propre nom, il a certainement varié dans
son orthographe. Jusqu'en 1887, chaque fois qu'il consentait à signer son
nom, il signait Phinnuit avec deux *n* . Le Dr Hodgson s'accuse d'être à
l'origine de la variation orthographique. Il prit négligemment l'habitude
d'écrire Phinuit avec un *n* et donna cette orthographe à ses amis. Mme Piper,
dans l'état normal, avait souvent l'occasion de voir le nom ainsi écrit. Ainsi,

dans la première moitié de 1888, Phinuit commença également à écrire son nom avec un *n* . Le Dr Hodgson n'a découvert l'erreur que plus tard, en parcourant ses notes.

Le lecteur s'étonnera peut-être que je parle de la personnalité Phinuit comme s'il était déjà établi que l'hypothétique médecin était en réalité un esprit ; c'est-à-dire une personnalité aussi distincte de celle du médium que le lecteur et moi le sommes l'un de l'autre. Je dois garder ce point en réserve. Les enquêteurs de l'affaire Piper, constatant comme décidée une différence entre les contrôles et le sujet dans un état normal comme il en existe entre individus de chair et de sang, ont adopté le langage de ces contrôles par commodité, tout en nous prévenant que, dans ce cas, ce faisant, ils n'ont pas l'intention de préjuger de leur nature. Je fais et je continuerai de faire la même chose. Il n'y a rien d'inconvenant à cela tant que c'est bien compris.

Pour revenir au personnage de Phinuit. Ce médecin de l'Au-delà n'est pas un mauvais garçon ; au contraire, il est très obligeant, et son principal désir est de plaire à tout le monde. Il répète tout ce qu'on lui demande de répéter, fait tous les gestes que lui suggèrent les communicateurs pour qu'ils soient reconnus ; même ceux d'un petit enfant. De sa voix assez grave, il chante à une mère en pleurs la chanson de la crèche ou la berceuse qu'elle chantait à son enfant malade, si la chanson sert de preuve d'identité. Je trouve au moins un cas de ce type dans le rapport du Dr Hodgson. Le couplet chanté était probablement bien connu de Mme Piper ; c'est un problème courant. Mais comme cette chanson avait été souvent chantée lors de sa dernière maladie par l'enfant qui communiquait, et comme c'était la dernière qu'elle chantait sur terre, la coïncidence est pour le moins surprenante. Il est probable que Mme Piper ait pris l'air et les mots de la source d'où elle tire tant d'autres détails – une source qui nous est inconnue.

Cependant, si le Dr Phinuit a bon cœur, il est aussi parfois déplorablement trivial. Son langage est rarement élevé et ses expressions sont presque toujours vulgaires. Parfois, il n'aime pas une blague ou une touche d'humour. Nous avons ainsi vu qu'il persistait malicieusement à appeler le professeur Lodge « capitaine ». Une autre fois, il met longtemps à trouver le nom d'une personne : Théodora. Puis il ajoute, moqueur : "Hum ! c'est un beau nom une fois qu'on l'a saisi." Cela n'empêche pas Phinuit de transformer Théodora en Théosophie, et de mettre la personne en question en Théosophie ! Je pourrais facilement donner d'autres exemples de l'esprit de Phinuit. Mais sur ce point je dois remarquer que le mot « Théosophie » m'étonne dans la bouche de Phinuit, même lorsqu'il en fait un usage plaisant. De toute évidence, Mme Piper connaît bien le nom et la chose. Mais à l'époque où le Dr Phinuit accompagnait ses contemporains en chair et en os, il n'était, je crois, question ni de la Théosophie, ni de sa fondatrice, Madame

Blavatsky. Il existait bien une secte de théosophes à la fin du XVIIIe siècle, mais elle était très obscure.

Le Dr Phinuit est d'ailleurs très fier de ses exploits. Il aime faire croire qu'il sait et voit tout. En effet, c'est peut-être parce qu'il aime paraître n'ignorer rien qu'il affirme parfois tant de faits controversés. Et c'est à déplorer ; car combien de services plus utiles il rendrait si ses faits n'étaient pas douteux ! Malheureusement, c'est loin d'être le cas. Phinuit semble parfois raconter des mensonges délibérément. Cela a été rendu évident lorsqu'on lui a demandé de prouver son identité en donnant des détails sur sa vie terrestre.

En décembre 1889, [32] il répond au professeur Alfred Lodge, frère du professeur Oliver Lodge :

"J'ai entre trente et trente-cinq ans d'esprit, je crois. Je suis mort quand j'avais soixante-dix ans, de la lèpre; très désagréable. J'avais été en Australie et en Suisse. Le nom de ma femme était Mary Latimer. J'avais une sœur Joséphine. John était le nom de mon père. J'ai étudié la médecine à Metz, où j'ai obtenu mon diplôme à trente ans, je me suis marié à trente-cinq ans. Cherchez la ville de..., aussi l'Hôtel-Dieu de Paris. Je suis né à Marseille. Je suis un gentleman du sud de la France. Découvrez une femme nommée Carey. Mère irlandaise ; père français. Je m'appelle John Phinuit Schlevelle (ou Clavelle), mais je m'appelais toujours Dr Phinuit Do. vous connaissez le Dr Clinton Perry ? Trouvez-le à Dupuytren, et cette femme à l'Hôtel Dieu. Il y a une rue qui s'appelle Dupuytren, une grande rue pour les médecins... C'est mon affaire maintenant, de communiquer avec ceux qui sont dans le corps, et de faire. ils croient en notre existence."

Je pense que le Dr Phinuit a été mal choisi pour remplir ce rôle. Les informations qu'il nous donne ici sur lui-même ne portent pas la marque d'une sincérité absolue. On pourrait dire que c'était un Anglais ou un Américain essayant de se faire passer pour un Français auprès de ses compatriotes et n'ayant qu'une très faible connaissance de la France et des affaires françaises. Et s'il s'était arrêté là ! Mais non. Il s'est souvent contredit. Il dit au Dr Hodgson [33] qu'il s'appelle Jean Phinuit Scliville. Il ne pouvait pas dire la date de sa naissance ou de son décès. Mais, en comparant les faits qu'il donne, on pourrait conclure qu'il est né en 1790, et qu'il est mort en 1860. Il raconte au Dr Hodgson qu'il a étudié la médecine à Paris, dans un collège appelé *Merciana* ou *Meerschaum*, il ne sait pas exactement lequel. Il ajoute qu'il a également étudié la médecine à « Metz en Allemagne ». Ce n'est plus lui qui avait une sœur nommée Joséphine ; c'est sa femme. "Joséphine", dit-il, "était une de mes amies au début, mais je me suis retourné vers elle et j'ai finalement épousé Marie." Cette Marie Latimer aurait eu trente ans lorsqu'elle épousa le docteur Phinuit et serait morte à cinquante ans. Il demande au Dr Hodgson : « Savez-vous où se trouve l'Hôpital de Dieu ? "Oui, c'est à Paris." "Vous souvenez-vous du vieux Dyruputia (Dupuytren) ?" "Il était le directeur de l'hôpital et une rue porte son nom." Phinuit affirme qu'il est allé à Londres, et de Londres en Belgique, et qu'il a beaucoup voyagé lorsque sa santé s'est dégradée.

Dans le passage cité ci-dessus, Phinuit affirme qu'il s'était fixé pour objectif de prouver l'existence des esprits. S'il s'était fixé la tâche contraire, il aurait eu plus de chances de réussir, lorsqu'il nous donne des informations telles que celles ci-dessus. Si l'on n'allait pas plus loin, il faudrait se demander comment des hommes sérieux ont pu se préoccuper pendant si longtemps d'histoires aussi vaines. Heureusement, comme nous le verrons plus tard, d'autres ont réussi à établir leur identité mieux que Phinuit. Phinuit lui-même, même s'il raconte les histoires les plus insensées lorsqu'il parle de lui-même, révèle des secrets profondément intimes et cachés lorsqu'il parle des autres. En vérité, on dit à juste titre que ces phénomènes sont déconcertants. Mais ils n'en sont pas moins intéressants pour la science lorsque leur authenticité et la sincérité du médium sont indiscutables, comme dans le cas présent. Je continuerai donc à examiner la personnalité des Phinuit ; ce sera le revers de la médaille.

Un médecin américain, que le Dr Hodgson désigne par les initiales CFW, a une séance avec Mme Piper le 17 mai 1889. Voici un fragment du dialogue entre lui et Phinuit. [34]

CFW — « Quels médecins étaient importants à Paris à votre époque ?

PHINUIT. — "Bouvier et Dupuytren, qui étaient à l'Hôtel-Dieu."

CFW—« Dupuytren était-il vivant lorsque vous vous êtes évanoui ? »

PHINUIT. — "Non ; il s'est évanoui avant moi ; je me suis évanoui il y a vingt ou trente ans."

CFW—« Quelle influence mon esprit a-t-il sur ce que vous me dites ? »

PHINUIT. — "Je ne reçois rien de ton esprit ; je ne peux pas plus lire dans ton esprit que je ne peux voir à travers un mur de pierre." (Phinuit a ajouté qu'il voyait les personnes dont il parlait objectivement, et que ce sont elles qui lui ont donné ses informations.)

CFW — "Avez-vous des parents résidant à Marseille ?"

PHINUIT. — "J'avais un frère qui est mort là-bas il y a deux ou trois ans."

Un peu plus tard, lors de la même séance, Phinuit dit :

"Beaucoup de gens pensent que je suis le médium ; c'est tout à fait absurde."

Eh bien, tant mieux. Mais si Phinuit n'est pas Mme Piper, il ne semble pas non plus être Français. Une autre preuve en est qu'il est incapable de soutenir une conversation en français. Il parle anglais avec un accent français *de café-*

concert prononcé , c'est vrai, mais ce n'est pas une preuve. Il aime compter en français, et parfois il prononce plus ou moins correctement deux ou trois mots consécutifs. Mais qui oserait soutenir que le subconscient de Mme Piper ne les a pas reçus d'une manière ou d'une autre ; ce serait d'autant plus probable qu'à une époque notre médium avait pour ses enfants une gouvernante qui parlait couramment le français. Or, le Dr CFW, cité plus haut, affirme que Phinuit a compris tout ce qu'il lui a dit en français, ce que Mme Piper dans son état normal n'aurait pas pu faire. En revanche, le professeur William James affirme que Phinuit ne comprend pas son français. Qui devons-nous croire ? Une chose est sûre, français ou pas, Phinuit ne parle pas français. Le Dr Hodgson lui a demandé pourquoi. Phinuit, qui n'est jamais perdu, expliquait ainsi : « Il avait exercé longtemps à Metz, et comme il y a beaucoup d'Anglais là-bas, il avait fini par oublier son français. C'est justement une enfantillage qu'inventent les personnalités secondaires. [35] Le Dr Hodgson a souligné l'absurdité de l'explication à Phinuit, et a ajouté : « Comme vous êtes obligé d'exprimer vos pensées à travers l'organisme du médium, et comme elle ne connaît pas le français, il serait plus plausible si vous disiez qu'il serait impossible d'exprimer vos pensées en français par l'intermédiaire de Mme Piper.

Phinuit trouva l'explication magnifique, et quelques jours après la donna entière à une autre personne curieuse qui l'interrogea.

Alors que le Dr Hodgson continuait de le taquiner à propos de son nom, il finit par admettre, ou croire, que son nom n'était pas du tout Phinuit.

"C'est le médium Cocke qui a insisté un jour lors d'une séance pour que je m'appelle Phinuit. J'ai dit : 'Très bien, appelez-moi Phinuit si vous voulez, un nom me vaut aussi bien qu'un autre.' Mais voyez-vous, Hodgson, je m'appelle Scliville, je suis le Dr John Scliville. Mais quand j'y pense, j'avais un autre nom entre John et Scliville.

Phinuit y a réfléchi et, lors d'une autre séance, il a déclaré qu'il s'en était souvenu. Il s'appelait désormais Jean Alaen Scliville. Alaen, on le voit, est incontestablement français. Bref, ce sont de misérables inventions, tout aussi misérables et bien moins poétiques que le roman martien, à cause de l'inconscient de Mlle. Forgeron.

Phinuit justifie-t-il mieux le titre de docteur qu'il assume ? Sur ce point, les avis sont moins partagés. Son diagnostic est souvent étonnamment précis, même dans les cas où le patient ne sait pas lui-même quelle est sa maladie. Dès 1890, le professeur Oliver Lodge s'exprimait ainsi à propos des connaissances médicales de Phinuit. L'opinion d'un homme de science comme le professeur Lodge est d'un grand poids, bien qu'il soit physicien et non médecin.

"En admettant cependant que 'Dr Phinuit' soit probablement un simple nom pour la conscience secondaire de Mme Piper, on ne peut s'empêcher d'être frappé par la singulière exactitude de son diagnostic médical. En fait, les déclarations médicales, tout en coïncidant avec la vérité, ainsi que ceux d'un médecin régulier, mais donnés sans aucun examen ordinaire, et parfois même sans voir le patient, doivent être considérés comme faisant partie de la preuve établissant une preuve *prima facie solide* de l'existence d' *un* moyen anormal d'acquérir des informations. " [36]

Le Dr CWF, dont nous avons parlé plus haut, demande à Phinuit de lui décrire son état physique, et Phinuit le décrit parfaitement. Mais ici, évidemment, étant donné que CWF était médecin et qu'il devait se connaître, nous ne pouvons nous préoccuper que du transfert de pensée. Curieux, le Dr CWF a demandé à Phinuit combien d'années il lui restait à vivre. Phinuit répondit en comptant sur ses doigts en français jusqu'à onze. Cela s'est produit en 1889. Si la prophétie s'est réalisée, le Dr CWF a dû partir rejoindre son collègue dans l'autre monde. Il serait intéressant de savoir si tel est le cas.

En général, les autres médecins qui ont eu des séances avec Mme Piper trouvent plus à redire aux prescriptions du Dr Phinuit qu'à son diagnostic. Ils reprochent aux prescriptions d'être davantage celles d'un herboriste que d'un médecin. Ce ne serait pas un grand reproche. Si un Dr Phinuit a réellement existé, il doit avoir exercé il y a cinquante ou soixante ans, et avoir étudié au début du siècle dernier. La thérapeutique de cette époque différait considérablement de celle d'aujourd'hui. C'est pour cette raison que le Dr CWF se demande si les connaissances médicales du Dr Phinuit dépassent réellement ce que Mme Piper aurait pu lire dans un manuel de médecine domestique. En ce qui concerne le diagnostic, ses connaissances vont certainement au-delà.

Le Dr CWF rapporte un fait qui, s'il ne prouverait pas l'ignorance médicale du Dr Phinuit, prouverait une fois de plus son ignorance du français, et même du latin des botanistes. Le Dr F. a demandé : [37] "Avez-vous déjà prescrit *du chiendent* ou *du Triticum repens* ?" en utilisant à la fois les noms français et latins. Phinuit parut très surpris et dit : « Quel est l'anglais de cela ? Il est certain qu'un médecin français, et surtout un médecin du début du siècle dernier, doit connaître *le chiendent* , et même *le Triticum repens* .

Mme Piper a déclaré au Dr Hodgson qu'on avait souvent montré à Phinuit des plantes médicinales, qu'on lui avait demandé leurs noms, et qu'il n'avait jamais commis d'erreur. Le Dr Hodgson a acheté des spécimens de trois plantes médicinales à l'un de ses amis. Lui-même restait totalement ignorant de leurs noms et de leurs usages. Phinuit examina soigneusement les plantes et fut incapable d'indiquer leurs noms ou leurs utilisations. Mais cet incident ne prouverait pas grand-chose non plus. Les pratiquants vivants qui ne pouvaient pas être attrapés de cette manière devaient être rares.

Je donnerai deux ou trois diagnostics de Phinuit à titre d'exemple. Je choisirai celles qui ont été données au Dr Hodgson sur lui-même, car mes lecteurs le connaissent désormais bien.

Lors d'une des premières séances [38] que le Dr Hodgson eut avec Mme Piper, Phinuit prononça le jugement suivant sur sa constitution physique : « Vous êtes un vieux bach (célibataire) et vous vivrez jusqu'à cent ans. Et il a ajouté que le Dr Hodgson souffrait à ce moment-là d'une légère inflammation des membranes nasales, sans qu'il n'y ait aucun signe extérieur pour l'orienter.

À une autre occasion, le Dr Hodgson lui a posé une question sur une douleur qu'il avait ressentie mais qu'il ne ressentait plus. Phinuit fut d'abord évasif, disant : « Je vous ai déjà dit que vous allez parfaitement bien. Il passa ensuite sa main sur l'épaule gauche du Dr Hodgson, plaça son doigt sous l'omoplate de l'omoplate gauche, à l'endroit précis où se trouvait la douleur, et dit qu'elle devait être causée par un courant d'air, ce qui était probablement vrai. Une autre fois, le Dr Hodgson s'est plaint d'une douleur, sans expliquer où. Phinuit posa instantanément son doigt sur l'endroit douloureux, sous la poitrine. Il a d'abord dit que la douleur était causée par une indigestion, mais il s'est ensuite corrigé spontanément et a déclaré qu'elle était causée par un muscle tendu lors d'un exercice inhabituel. Le Dr Hodgson n'avait pas pensé à cette explication ; mais il était vrai que, l'avant-veille, en se couchant, et après quelques semaines d'interruption, il s'était exercé à courber son corps en avant et en arrière. La douleur est apparue le lendemain. Phinuit ordonna des applications d'eau froide sur l'endroit douloureux et une friction avec la main. Il existe naturellement d'autres diagnostics plus compliqués et plus extraordinaires que ceux que j'ai cités.

En terminant cette étude de Phinuit, je dois revenir à l'éternelle question : Phinuit est-il une personnalité différente de Mme Piper, ou n'est-il qu'une personnalité secondaire ? Aucun de ceux qui ont étudié la question de près n'ont osé la trancher catégoriquement. Il n'y a pas de distinction aussi clairement définie entre la personnalité normale et les personnalités secondaires qui ont été étudiées jusqu'à présent qu'entre Mme Piper et Phinuit. En fait, le médium et son autorité n'ont pas le même caractère, ni la même tournure d'esprit, ni les mêmes informations, ni la même manière de parler. Il n'en va pas de même pour les personnalités normales et secondaires. Notre personnalité peut se diviser en fragments qui, à première vue, peuvent apparaître comme autant de personnalités différentes. Mais lorsque ces fragments sont étudiés de près, de nombreux points de contact sont découverts. Lorsque la suggestion s'ajoute à cette ségrégation, la séparation entre les personnalités normales et secondaires est encore plus marquée. Mais il y a aussi des traces d'automatisme qu'on ne retrouve pas chez Phinuit. Il semble être autant maître de ses facultés mentales et de sa volonté que vous ou moi.

Enfin, si l'on considère que beaucoup de contrôles de Mme Piper poussent l'amour de la vérité plus loin que Phinuit, qu'ils ont réussi à prouver leur identité aux yeux de leurs intimes, pourtant sceptiques au départ ; si l'on considère les cas George Pelham et Hyslop, entre autres, que nous aborderons abondamment un peu plus loin, nous serons presque tentés de faire profiter Phinuit du doute sur ses confrères, et de croire qu'il est bien une conscience différente de celui de Mme Piper.

[32] *Proc. du SPR*, vol. vi. p. 520.

[33] *Ibid.*, vol. viii. p. 50.

[34] *Proc. du SPR*, vol. viii. p. 98.

[35] *Proc. du SPR*, partie XXI. vol. viii. page 51.

[36] *Proc. du SPR*, vol. vi. p. 449.

[37] *Proc. du SPR*, vol. viii. p. 51.

[38] *Ibid.*

CHAPITRE VII

Il y a un cas dont je parlerai avec quelque détail dans ce chapitre, pour trois
raisons : — (1) La bonne foi des expérimentateurs étant incontestable, si
l'expérience avait réussi, nous aurions certainement fait un premier pas vers
la preuve d'un vie future. Des expériences de ce genre doivent être organisées
si l'on veut atteindre le but souhaité. Même si seulement un sur dix réussissait,
nous aurions dû établir une méthode de procédure et découvririons
certainement la vérité avec le temps. (2) Cet exemple montrera une fois de
plus au lecteur le caractère de Phinuit, qui n'hésite devant aucune invention,
et risque d'être pris en flagrant délit d'imposture plutôt que d'avouer son
ignorance ou son incapacité. (3) Le lecteur y trouvera des exemples des
affirmations fausses que l'on retrouve dans toutes les mauvaises séances.

Cette malhonnêteté de Phinuit complique certainement singulièrement le
problème. Mais je souhaite le présenter tel qu'il est réellement, avec ses côtés
sombres et lumineux. La science doit s'efforcer d'expliquer les deux. [39]

Miss Hannah Wild est décédée le 28 juillet 1886. Elle était une fervente
baptiste et le resta jusqu'à ses derniers instants. Environ un an avant sa mort,
un journal spiritualiste de Boston a publié un message censé provenir de sa
mère décédée. Miss Hannah Wild en fut très frappée.

Sa sœur lui a conseillé de tenter l'expérience suivante. Miss Hannah Wild
devrait écrire une lettre dont elle seule connaissait le contenu, et lorsqu'elle
mourrait, elle devrait revenir, si des circonstances plus fortes que sa volonté
ne l'en empêchaient, et communiquer le contenu de la lettre à sa sœur par un
moyen quelconque. La lettre ne serait ouverte que lorsqu'arriverait un
message portant toutes les marques d'authenticité.

Cela a été fait. Hannah Wild a écrit la lettre, l'a scellée et l'a enfermée dans
une boîte en fer blanc. Il était entendu qu'aucune main mortelle ne devait la
toucher. En le donnant à sa sœur, elle a dit : « Si je peux revenir, ce sera
comme sonner la cloche de l'hôtel de ville !

Mme Blodgett, la sœur d'Hannah Wild, ajoute : "Les mains n'ont jamais
touché cette lettre ; elle était dans le coffre-fort de mon mari. Quand je l'ai
envoyée au professeur James, je l'ai retirée avec des ciseaux."

Mme Blodgett ayant, dans la seconde moitié de 1886, vu le nom du
professeur James dans un journal consacré à la recherche psychique, lui
écrivit et lui raconta les circonstances ci-dessus. En conséquence, il essaya de
faire lire la lettre par l'intermédiaire de Mme Piper. Il lui envoya, bien sûr,

non pas la lettre, mais un gant que Miss Hannah Wild avait porté le jour où elle écrivit la lettre, ainsi que la doublure de son chapeau.

MJW Piper, le beau-père de Mme Piper, faisait office de gardien. Phinuit a pris son temps et a essayé le contenu de la lettre au cours de plusieurs séances. Il en résulta une longue élucubration dramatique, qui rappelle involontairement certaines de Mlle. Les productions subliminales de Smith. J'en donnerai trois paragraphes. Les remarques entre parenthèses sont celles de Mme Blodgett ; le lecteur appréciera les faits à la lumière que les remarques jetteront sur eux. Cependant, il n'est peut-être pas inutile de remarquer que Phinuit a trouvé le nom exact de Miss Hannah Wild, qui lui avait été soigneusement caché.

1. " CHÈRE SOEUR , — Au fond de ma malle au grenier avec mes vêtements, j'ai mis un peu d'argent et quelques bijoux, qui m'ont été donnés, comme vous le savez, par ma mère, et que lui a donnés mon grand-père, qui a maintenant est décédée Bessie, je te les donne maintenant ; c'est tout ce que j'ai, j'aurais aimé pouvoir en avoir davantage. Cela m'a beaucoup affligé de ne pas avoir donné quelque chose à la Société, mais comme vous le savez, ma sœur, je n'en suis pas capable. faites-le. Si cela est possible, je leur donnerai ma présence en esprit. (La sœur n'a laissé aucune malle. N'a jamais vécu dans une maison avec un grenier. La mère ne lui a jamais donné de bijoux. Le père de la mère est décédé en 1835. La mère est décédée en 1880 et m'a donné tous ses bijoux. Ces bijoux avaient été auparavant offerts à la mère par moi-même. Ma sœur a laissé de l'argent et aurait pu en donner à la Société si elle avait choisi de le faire.)

2. "Je veux que vous donniez la nappe sur laquelle j'ai travaillé il y a un an à sœur Ellen, la femme de John. La raison pour laquelle je ne m'en suis pas débarrassée auparavant sera une preuve satisfaisante du retour de l'esprit. Ma très chère sœur, si jamais vous vous mariez , comme je pense que vous le ferez, prenez l'argent et utilisez-le comme bon vous semble, pour acheter une tenue de mariage. (Elle n'a jamais travaillé sur un dessus de table. J'en ai travaillé un et je lui ai donné. Frère John est mort quand il avait cinq ans. Il n'y a personne du nom d'Ellen connecté avec la famille. Elle pensait que je me marierais, mais savait que j'avais beaucoup d'argent pour acheter une tenue.)

3. "Ne vous habillez pas en deuil pour moi, car si c'est vrai, l'esprit peut revenir, je veux vous voir habillée de lumière, pas de noir. Pas pour moi maintenant, ma chère sœur Bessie. Essayez d'être joyeuse et heureuse à travers votre vie conjugale, et quand vous aurez de mes nouvelles - ceci pour vous une copie, "rappelez-vous que sœur Hannah n'est pas morte, elle a seulement disparu de son corps". Je vous ferai une belle description de notre vie là-bas et de ma mère chérie si je la vois." (Hannah portait toujours du noir

et disait souvent que ce serait méchant de ma part de l'enlever, car mon enfant disait toujours : « Maman, tu porteras toujours du noir pour moi », et je porte du noir depuis vingt ans, depuis ma naissance.) l'enfant est mort.)

Et ainsi de suite.

Les élucubrations de Phinuit comptaient six bonnes pages manuscrites. Sauf le nom d'Hannah Wild, tout n'allait pas. Et pourtant MJW Piper affirme que pendant toutes les séances il avait le sentiment de parler à l'esprit de Miss Hannah Wild. On a demandé à Phinuit une description du communicateur ; tous les détails étaient faux. Après cela, il est inutile de dire que la lettre que Miss Hannah Wild avait écrite avant sa mort, lorsqu'elle fut ouverte par le professeur James, après avoir reçu la lettre de Phinuit, différait totalement de ce document.

Jusqu'à présent, l'affaire Blodgett-Wild est dans l'ensemble banale. Phinuit a menti lorsqu'il a fait semblant de communiquer avec l'esprit d'Hannah Wild ; car il n'y a pas plus de raisons ici qu'ailleurs de supposer une fraude consciente de la part de Mme Piper. Mais c'est à ce moment-là que l'affaire devient intéressante, et qu'elle pourra peut-être jeter quelque lumière sur la manière dont Phinuit se procurait des informations, et sur le caractère de Phinuit lui-même. Si l'on jugeait uniquement de ce cas, il semblerait que Phinuit n'était qu'une personnalité secondaire de Mme Piper, possédant le pouvoir extraordinaire de lire dans les pensées des gens sans être gêné par la distance. Mais disons d'emblée que bien d'autres cas rendent le problème beaucoup plus complexe. La conclusion à tirer de ce qui suit est que si Phinuit est réellement ce qu'il prétend être, il ne tire pas ses informations uniquement des esprits désincarnés, qu'il est censé percevoir objectivement ; il lit également dans les pensées des vivants et, avec les informations qu'il y trouve, il crée des personnages apparemment vivants et ressemblant fortement à des personnes décédées.

Le 30 mai 1888 [40] Mme Blodgett en personne eut une séance avec Mme Piper. L'heure fut fixée par le Dr Hodgson, qui prit soin, comme à son habitude, de ne pas nommer la future gardienne, et de ne donner aucune indication sur son identité. A mes yeux cette séance est remarquable. Mme Blodgett, avec beaucoup de bon sens, le résume ainsi : « Tous les détails que j'avais à l'esprit, Phinuit les a donnés exactement. Sur tous les points que j'ignorais, il a donné de fausses réponses, ou n'a rien dit.

Pendant toute la séance, Phinuit affirma qu'il répétait littéralement les paroles de Miss Hannah Wild, présente. Je citerai les incidents les plus typiques. Les remarques entre parenthèses sont tirées des commentaires de Mme Blodgett.

HANNAH SAUVAGE. [41] — "Bessie, Betsie Blodgett, ma sœur. Comme je suis heureuse de vous voir ! Je suis Anna, Hannah, votre sœur, Hannah Wild.

Comment vont mon père et tous les gens ? Oh, je suis si heureuse de te voir ! " (Pendant tout ce temps, Mme Piper n'arrêtait pas de me gifler avec sa main, tout comme ma sœur. Quand elle est morte, je ne m'appelais pas Blodgett mais Bessie Barr.)

HW—"Je vous ai déjà vu une fois dans ce public. Je vous ai lancé un message." (Quatre semaines après la mort de ma sœur, John Slater, un médium, m'a dit, me désignant devant un large public : "Il y a une dame ici qui veut que vous sachiez qu'elle est ici. Elle dit qu'elle vous dira ce qu'il y a dans ce journal." bientôt.")

HW—"Comment va la Société, Lucy Stone et tous ?" (Lucy Stone est la rédactrice en chef du *Woman's Journal* et a écrit un article sur sa sœur à sa mort.)

HW—"Ma photo dans ce sac."

Mme Blodgett avait apporté un sac contenant plusieurs objets ayant appartenu à sa sœur. Mme Piper a essayé de l'ouvrir, mais n'y est pas parvenue. Il semblerait que Miss Hannah Wild, vivante, n'ait pu ouvrir le sac qu'avec difficulté. Mme Blodgett l'ouvrit. La soi-disant Hannah Wild a jeté les objets pêle-mêle en disant : « Photo de la mienne ici ». C'était ainsi. Or, cette photographie était la seule chose dans le sac dont Mme Blodgett ne savait pas qu'elle s'y trouvait ; elle avait glissé le testament de sa sœur dans une enveloppe dans laquelle se trouvait déjà la photographie, mais elle ne s'en était pas consciemment aperçue. Son subconscient avait probablement été plus perspicace, et c'est de là que Phinuit avait probablement tiré le détail ; du moins à moins qu'il n'ait le pouvoir de voir certaines choses à travers des corps opaques.

HW—(Elle sort son testament qu'elle avait secoué de l'enveloppe contenant la photo.) "Ceci est pour vous. Je l'ai écrit et je vous l'ai donné. C'était mon sentiment au moment où je l'ai écrit. Vous n'y avez pas pensé. comme je l'ai fait. Tu m'as rendu triste parfois. Mais tu as bien pris soin de moi. J'ai toujours senti qu'il y avait quelque chose qui ne nous séparerait jamais. Tu te souviens de ma robe. Vous vous souvenez de tout mon argent ? Je vous ai dit quoi faire avec ça. Ce n'est pas écrit dans ce papier, je vous l'ai dit sur mon lit de mort. (Tout cela est exact, sauf que je ne connais rien aux peignes. Le testament s'est débarrassé de ses livres, de ses robes et de toutes ses affaires, à l'exception de son argent.)

HW—"Comment va Alice ?"

Mme B. — « Quelle Alice ?

HW—"La petite fille qui porte son nom." (Notre sœur vivante Alice avait une enfant nommée Alice Olivia, et Hannah l'appelait toujours Alice : c'était le nom de notre mère. Les autres l'appelaient Ollie. Hannah n'aimait pas ça et faisait tout ce qu'elle pouvait pour nous faire savoir qu'elle n'aimait pas ça. je veux qu'Alice soit abandonnée.)

HW—"Mère est là. Où est le docteur ? Où est le frère ?" (Mon mari est médecin ; Hannah le connaissait. Nous avons un frère vivant nommé Joseph, qui voyage la plupart du temps.) Hannah Wild prend une chaîne en or enveloppée de soie. Mme Blodgett dit : « Hannah, dis-moi à qui et qu'est-ce que c'est ?

HW—(Sensant le pompon au bout de la chaîne) "La chaîne de ma mère." (La chaîne était une longue chaîne appartenant à ma mère. Elle a été coupée en deux après sa mort. Hannah en avait porté une moitié. La moitié que j'ai apportée à la séance n'avait pas été portée depuis la mort de ma mère, et elle avait un pompon au bout. différente de la moitié qu'Hannah avait portée.)

HW—« Qui est Sarah ? »

Mme B. — « Sarah Grover ?

HW—"Non, Sarah Obb—Hodg—" (La main du médium montre M. Hodgson et la voix dit qu'elle lui appartient.) Puis Hannah Wild ajoute : "Sarah Hodson". (Sarah Hodson était une amie de sa sœur à Waterbury, dans le Connecticut. J'avais pensé à elle la nuit précédente lorsque j'avais rencontré M. Hodgson, car elle venait également de Londres, en Angleterre.)

HW — « Où est mon gros mouchoir en soie ?

Mme B. — « Je l'ai donné à Clara. Vous me l'avez dit.

HW—"Où est mon dé à coudre ?"

Mme B.—"Je ne sais pas."

HW—"Je t'ai vu le mettre dans ce sac." (Le mouchoir était un grand mouchoir en soie offert à ma sœur par une dame qui vivait avec nous depuis des années, et il venait d'Angleterre. Je ne savais pas que j'avais mis le dé à coudre d'Hannah dans le sac, mais j'ai découvert en rentrant à l'hôtel qu'il s'agissait d'un grand mouchoir en soie. là sur le lit, avec le reste des choses que j'avais sorties du sac avant de commencer la séance.)

Mme B. — « Pouvez-vous me dire, ma sœur, combien de frères vous avez dans la vie spirituelle ?

HW : « Un, deux, trois ». (Je lui ai demandé combien de frères, car William n'était mort que depuis le 27 mars de la même année (1888). "Trois" était correct.)

Mme B. — « Pouvez-vous me dire où se trouve maintenant cette lettre que vous avez écrite ?

HW — « Il est à la maison, dans une boîte en fer blanc. »

Mme B. — « Pouvez-vous m'en dire davantage ?

HW — « Je vous l'ai dit. Ce serait comme sonner les cloches d'une église si je pouvais revenir. (La lettre était dans le sac enveloppé dans un tissu en caoutchouc. La sœur a dit lorsque nous avons mis la lettre dans une boîte en fer blanc : « Ce serait comme sonner la cloche de l'hôtel de ville si je pouvais revenir. »)

HW—"Où sont William et le docteur ?"

Mme B. — "Hannah, dites-moi où est William."

HW—« Il est là. Je l'ai trouvé.

Mme B. — « Depuis combien de temps existe-t-il ?

HW—"Des semaines. Vous savez tout. Il reste à vos côtés tout le temps, tous les jours. William veut savoir comment vous aimez ce groupe."

Mme B.—« Quel lot ? »

HW—"Vous devriez le savoir. Vous l'avez acheté pour l'enterrer. William est mieux hors du monde que dedans. C'était un type étrange. Il n'aime pas ça. Et vous ?"

Mme B.—"Non." (Je l'avais acheté beaucoup au cimetière de Woodlawn, New York. Sa femme voulait qu'il soit enterré là-bas. Nous voulions l'emmener chez nous et l'enterrer par notre mère. Mon frère était très fier et nous pensions que le lot n'était pas aussi beau qu'il le ferait. comme.)

À la fin de la séance, celle qu'on appelle Hannah Wild a déclaré qu'elle devait y aller parce que c'était l'heure de l'église et qu'elle ne la manquerait pas. Mme Blodgett remarque que c'est également une caractéristique de sa sœur. C'était le jour de la décoration, et Hannah Wild, vivante, ne l'aurait certainement pas manqué. Ce dernier incident est étrange ; mais il y en a de nombreuses analogues dans la littérature sur le sujet et dans les séances de Mme Piper. Souvent, le communicateur n'admet pas qu'il est mort ou qu'il est passé dans un autre monde ; si on lui demande ce qu'il fait, il paraît surpris et affirme qu'il exerce son occupation habituelle ; s'il est médecin, il affirme qu'il continue de rendre visite à ses patients. On demande souvent à Phinuit de décrire les personnes dont il parle. Il les représente tels qu'ils étaient sur terre, dans leur costume habituel, et il affirme les voir ainsi. À la fin d'une séance, le père du professeur Hyslop s'exclame : « Donnez-moi mon chapeau ! Or c'était un ordre qu'il donnait souvent au cours de sa vie lorsqu'il se levait péniblement de sa chaise d'infirme pour accompagner un visiteur jusqu'à la porte. Je le répète, ces incidents sont étranges et embarrassants pour l'hypothèse spirite. Il est difficile d'admettre que l'autre monde, s'il existe, en soit une copie servile. Faut-il supposer que la perplexité provoquée par la mort est si grande chez certains individus qu'ils mettent un certain temps avant de percevoir le changement de leur environnement ? Il est difficile de l'admettre. Faut-il supposer que ces discours sont des automatismes du communicateur, rendus à moitié inconscients vers la fin de la séance par l'atmosphère pesante de l'organisme du médium ? Mais, quand la communication n'est pas directe, quand un intermédiaire parle à travers l'organisme, que faut-il penser ? Ces traits sont-ils introduits intentionnellement par le communicateur pour mieux prouver son identité ? Sans doute ces incidents sont très embarrassants pour l'hypothèse spirite. D'un autre côté, si l'on admet que les soi-disant communicateurs sont créés par la ravie Mme Piper à partir des éléments qu'elle trouve ici et là dans l'esprit de personnes vivantes, ces incidents sont tout à fait naturels ; il serait surprenant de ne pas les rencontrer. Je mentionne la difficulté de passer ; il ne m'incombe pas de le résoudre.

Quoi qu'il en soit, Mme Blodgett quitta la séance convaincue qu'elle avait conversé avec sa propre conscience extériorisée, et non avec l'esprit de sa sœur. Mais sans l'incident précédent de la lettre, qui avait suscité la méfiance, et si Mme Blodgett avait fait preuve de moins de jugement, elle aurait probablement quitté la séance convaincue qu'elle avait parlé à sa défunte sœur. De nombreux spiritualistes doivent commettre des erreurs similaires chaque jour. Cela montre avec quelle circonspection des études comme celles-ci s'imposent.

Mme Blodgett demanda au Dr Hodgson de lui accorder quelques séances pour tenter à nouveau d'obtenir le texte de la fameuse lettre. [42] Lors de la séance du 1er août 1888, le Dr Hodgson a donné à Phinuit une mèche de cheveux d'Hannah Wild. Phinuit a commencé par dire que ce n'était pas ses cheveux ; il reconnut alors son erreur, mais dit que quelqu'un d'autre avait dû y toucher. Puis il donna une nouvelle version de la lettre. "Cette lettre concerne un incident survenu dans la vie antérieure d'Hannah", a-t-il affirmé. Puis il dicta : "Cette lettre fait référence aux débuts de l'histoire d'Hannah. À un moment donné, j'ai rencontré une personne que j'aimais. Une circonstance dans notre affection a changé toute ma vie. Sans cette seule chose, j'aurais dû me marier. et heureuse. Par conséquent, je me suis lancée dans le travail religieux et j'ai fait tout le bien que j'ai pu. Quiconque lira cette lettre après mon départ saura pourquoi je suis restée Hannah Wild...." Le commentaire de Mme Blodgett sur ce texte est très intéressant. Elle dit : "Ce n'est pas ce que ma sœur a écrit sur son lit de mort, mais c'est parfaitement vrai. C'était le grand chagrin de la vie de ma sœur."

Comment Phinuit a-t-il pu deviner cela en touchant simplement une mèche de cheveux ? Se pourrait-il que nos sentiments, nos peines et nos joies laissent une vibration persistante sur les objets que nous touchons, que les sensitifs peuvent percevoir même après un long intervalle ? Des faits nombreux et bien observés nous pousseraient presque à le croire. Il semblerait que les vibrations de l'âme s'impriment sur la matière comme les ondes sonores s'enregistrent sur le cylindre d'un phonographe. Certains sujets, dans un état anormal, pourraient les récupérer. Après tout, il n'y a rien dans tout cela qui répugne à la science.

Cet état anormal, qui permet aux sensibles d'appréhender les vibrations passées, n'est peut-être qu'un abandon partiel du corps par l'esprit. Dans ce cas, il serait plus facile de comprendre que ceux qui, comme Phinuit, ont entièrement quitté leur corps, ceux qui sont dans un autre monde, peuvent lire ces vibrations aussi facilement que nous pouvons lire un livre. Mais si tel est le cas, pourquoi Phinuit n'en est-il pas propriétaire ? Ce serait assez merveilleux pour satisfaire sa vanité. Cela ne l'empêcherait en aucun cas d'obtenir des informations directement auprès d'êtres désincarnés. Mais il doit préciser dans chaque cas de quelle source il tire sa connaissance. Il ne fait rien de tel et nous rend ainsi presque impossible de croire en son individualité.

Lors de cette même séance, Phinuit affirma qu'il donnerait la lettre mot pour mot s'il avait une mèche de cheveux plus longue. Mme Blodgett envoya donc une serrure plus longue, qui lui fut remise le 3 octobre 1888. Le texte qu'il donna était aussi incorrect que les précédents. Un dernier effort fut fait en 1889, toujours sans résultat. Miss Hannah Wild n'est pas revenue de l'autre monde pour nous raconter ce qu'elle a écrit sur son lit de mort.

Je terminerai par un autre exemple qui démontre l'habileté de Phinuit à lire dans les pensées des gens, même à distance. Le 3 juin 1891, [43] Mme Blodgett écrivit une lettre à Phinuit. Le Dr Hodgson le lui lut lors d'une séance le 15 du même mois. Cela a valu à Phinuit la déclaration suivante, qui n'avait rien à voir avec le contenu de la lettre : « Elle a lu un livre amusant – la vie de quelqu'un. Elle a rendu visite à une vieille amie d'Hannah – quelqu'un que je lui ai dit d'aller voir. . Mme Blodgett a un ami nommé Severance. Mme Blodgett écrit le 17 juin : « Vraiment, Phinuit se porte merveilleusement bien en ce qui concerne le transfert de pensée. Samedi soir 13 juin, j'ai donné une conférence aux Young Women's Rooms à propos du nouveau livre d'Helen Gardener, *Is this your Son, my Lord. ?* " (Le) "Le 14, je ne suis pas allé voir l'ami en personne, mais je sais que mon esprit s'en est allé, et je lui ai écrit la lettre pour lui demander ce que Phinuit m'a dit de faire une fois là-bas." Mme Blodgett ajoute : « J'avais un ami nommé Severance, mais sœur Hannah n'avait jamais entendu parler de lui.

[39] *Proc. du SPR* , vol. viii. p. 69.

[40] *Proc. du SPR* , vol. viii. p. 75.

[41] Phinuit parle, mais comme il est censé répéter littéralement les mots de Miss Hannah Wild, il est plus facile de parler comme si elle parlait directement.

[42] *Proc. du SPR* , vol. viii. p. 78.

[43] *Proc. du SPR* , vol. viii. p. 83.

CHAPITRE VIII

Communications de personnes ayant souffert dans leurs facultés mentales.-
Communications inattendues de personnes inconnues.-Le respect dû aux
communicateurs.-Prédictions.-Communications d'enfants.

L'affaire Blodgett-Hannah Wild est, je le répète, de nature à jeter le discrédit
sur l'hypothèse spiritualiste. Si l'on ne considérait que cette hypothèse et des
cas analogues, il faudrait se demander pourquoi des hommes sérieux, après
de longues hésitations, ont finalement donné la préférence à cette hypothèse.
Mais les phénomènes psychiques, et en particulier les phénomènes
médiumniques, sont infiniment divers ; ils présentent une multitude
d'aspects, et il ne serait pas judicieux de les considérer séparément.

Dans cette affaire Hannah Wild, tout semble soutenir l'hypothèse
télépathique. Il faut entendre par là non seulement la lecture des pensées dans
la conscience, et même dans le subconscient, des personnes présentes, mais
aussi dans celle des personnes absentes, aussi éloignées soient-elles. Et il faut
y ajouter ce que Phinuit appelle « l'influence ». Cette mystérieuse « influence
» pourrait être les traces de vibrations laissées sur les objets par nos pensées
et nos sentiments. Evidemment, cette hypothèse nous plonge dans le
mystère, au moins autant que l'hypothèse spiritualiste. Nous serions
néanmoins obligés de lui donner la préférence, s'il était suffisamment
soutenu, car il est après tout plus en rapport avec nos conceptions actuelles
que son rival.

Même l'incident du médium qui, désignant Mme Blodgett au milieu d'un
auditoire nombreux, lui dit : « Il y a ici une dame qui veut vous parler ; elle
vous donnera bientôt le contenu du journal », peut facilement s'expliquer par
la télépathie. Mme Blodgett était en présence d'un médium. Or, un médium
allait lui révéler le mystérieux texte de la lettre de sa sœur. Cela suffisait pour
ramener le souvenir de la lettre au premier plan de sa conscience, où le
médium aurait pu la lire par télépathie.

Mais encore une fois, il existe une infinité d'autres cas que la télépathie
n'explique pas du tout, ou pas assez. J'essaierai de le démontrer en répétant
certains des arguments avancés par le Dr Hodgson dans son remarquable
rapport de 1898 et dans le chapitre intitulé « Indications selon lesquelles
l'hypothèse de l'« esprit » est vraie ». [44]

Le plus important de ces arguments est fondé sur les communications de
personnes dont les facultés mentales avaient été altérées par la maladie
pendant une période plus ou moins longue avant leur décès. Une longue série
d'observations concordantes ont inspiré cet argument au Dr Hodgson. La
voici : « S'il s'agissait de télépathie, les communications devraient être plus

claires et plus abondantes dans les cas où les souvenirs des morts sont les plus clairs et les plus abondants dans l'esprit des vivants. »

Mais l'expérience montre qu'il n'en est rien. Lorsque le soi-disant communicateur a souffert d'une maladie mentale avant sa mort, les communications répètent le trouble trait par trait ; ils sont pleins de confusion et d'incohérence. Cette confusion et cette incohérence sont d'autant plus graves que les troubles mentaux précédant la mort étaient plus graves. Elle disparaît lentement, mais parfois des traces apparaissent des années après. La télépathie n'explique pas cela. S'il y a de la folie dans l'esprit du mort, il n'y en a pas dans l'esprit des vivants qui se souviennent de lui. En revanche, si l'on introduit l'hypothèse spiritualiste, le fait est tout à fait admissible, soit parce que le trouble mental ne peut disparaître que lentement, soit parce que (et les contrôles l'affirment) le simple fait que les esprits désincarnés se replongent dans l'atmosphère de un organisme humain reproduit temporairement le trouble.

Par ailleurs, il y a toujours plus ou moins d'incohérence dans les communications faites très peu de temps après la mort, même lorsque le communicateur a conservé toutes ses facultés mentales jusqu'à ses derniers instants. Mais si le communicateur était réellement ce qu'il prétend être, nous devrions nous y attendre, pour trois raisons : le choc violent de la désincarnation doit troubler l'esprit ; l'arrivée dans un environnement entièrement nouveau, où il doit d'abord être incapable de distinguer grand-chose, devrait le troubler encore davantage ; et enfin, ces premières tentatives de communication peuvent être entravées par son manque d'habileté à utiliser l'organisme étrange ; il lui faudrait une sorte d'apprentissage.

Mais lorsqu'aucun trouble mental n'a précédé la mort, l'incohérence des premières communications ne dure pas. Elles deviennent vite aussi évidentes que le permet l'imperfection des moyens dont le mort doit user. Dans l'affaire George Pelham, que nous examinerons plus loin, les premières communications étaient également incohérentes. Pourtant, George Pelham allait bientôt devenir l'un des morts les plus clairs et les plus lucides, sinon le plus clair et lucide, qui ont prétendu se manifester à travers l'organisme de Mme Piper. Mais George Pelham mourut subitement par accident, et ses facultés intellectuelles, d'ailleurs au-dessus de la moyenne, n'avaient jamais été atteintes.

C'est, je le répète, ce que semble montrer l'expérience. Mais il faudra sans doute bien d'autres observations avant de pouvoir affirmer que cela est réellement prouvé.

Cependant, à moins que le Dr Hodgson et ses collègues ne se trompent, ces faits sont contraires à ce à quoi on pourrait s'attendre de la théorie télépathique. Je vais citer quelques exemples.

Le Dr Hodgson a tenté d'obtenir des communications d'un de ses amis, désigné par l'initiale A., plus d'un an après le décès de ce dernier. Il y consacra six séances, mais le résultat fut maigre. Il obtint quelques noms et, avec difficulté, quelques mentions de certains incidents de la vie de A. Certains incidents étaient même inconnus du Dr Hodgson à l'époque, mais tout était plein d' incohérence et de confusion. Finalement, il y renonça sur le conseil de George Pelham, qui déclara que l'esprit de A. ne serait pas clair avant un certain temps encore. Cet A. souffrait de violents maux de tête et d'épuisement nerveux depuis quelques années avant sa mort, sans que ces troubles n'aillent jusqu'à la folie. Or, juste au moment où A. était incapable de se manifester clairement, d'autres Esprits se manifestaient avec toute la lucidité désirable dans des circonstances identiques. Un autre cas cité par le Dr Hodgson est celui d'un M. B. qui s'est suicidé dans un accès de folie. Il n'était pas personnellement connu du Dr Hodgson. Pendant plusieurs années, les communications de MB furent extrêmement confuses, même sur des sujets que le Dr Hodgson connaissait bien.

Un troisième communicateur, ami intime du Dr Hodgson, s'était également suicidé. Environ un an après sa mort, il semblait encore ignorer les événements qu'il avait bien connus de son vivant et qui étaient tout à fait clairs dans l'esprit du chercheur. Plus de sept ans après sa mort, il écrivit de la main du médium : « Ma tête n'était pas claire, et elle ne l'est pas encore, quand je vous parle. »

Le 7 décembre [45] 1893, M. Paul Bourget, de l' *Académie française* , et son épouse, eurent une séance avec Mme Piper. M. Paul Bourget désirait beaucoup communiquer avec une artiste qui s'était suicidée à Venise en se jetant d'une gondole. Il n'existe aucun compte rendu écrit de cette séance, et par conséquent nous ne savons pas exactement ce qu'elle valait. Mais le 11 décembre [46] M. Bourget eut une autre séance, et cette fois le docteur Hodgson l'accompagna et prit des notes. L'artiste semblait faire des efforts désespérés pour communiquer et écrire elle-même, mais elle ne pouvait produire que deux ou trois mots français, parmi lesquels se trouvait apparemment l'exclamation « Mon Dieu ! Néanmoins son prénom était donné et le lieu où elle s'était suicidée, Venise, et la syllabe *Bou* , début de Bourget, était souvent répétée. Pourquoi les résultats étaient-ils si mauvais ? M. et Mme. Bourget connaissait bien ce personnage, et son esprit était plein de réminiscences où le médium n'avait qu'à puiser.

Cependant, certaines personnes pourraient raisonner comme suit. Les objets ayant servi aux personnes avec lesquelles on souhaite communiquer sont presque toujours remis à Mme Piper. Si le médium obtient ses informations non seulement de l'esprit des vivants, mais également de « l'influence », c'est-à-dire des vibrations que nos pensées et nos sentiments ont pu laisser enregistrées sur ces objets, les imperfections des communications antérieures des personnes dont l'esprit a été perturbé pourrait s'expliquer par la théorie selon laquelle « l'influence » laissée par une personne folle ne serait ni aussi claire ni aussi facile à lire que celle laissée par une personne saine d'esprit. Mais alors pourquoi les communicateurs devraient-ils devenir plus clairs avec le temps ? Pourquoi devraient-ils devenir lucides au moment où ils devraient être encore plus confus, si l'hypothèse télépathique est la bonne ?

Mais cette interprétation tombe complètement à l'eau quand on prend en compte les nombreux communicateurs inconnus, ou presque, des assistants, auxquels absolument personne ne pense, et qui viennent en pleine séance envoyer un message à leurs invités. parents survivants. Mme Piper ne peut avoir produit ces communications au moyen de « l'influence » laissée sur les objets, à moins de supposer que la présence de ces objets n'est pas nécessaire et que toute « influence » peut frapper le médium de n'importe quel point de l'horizon au moment où elle s'y attend le moins. Ce serait peut-être étendre l'hypothèse au-delà des limites permises. Et ces cas sont, je le répète, nombreux et très intéressants. J'en cite trois pour l'édification de mes lecteurs.

Au cours de la 46e [47] séance anglaise, avec MM. Oliver et Alfred Lodge comme sieurs, Phinuit s'écria soudain :

"Oh, chérie, il y a quelque chose de très mauvais là-dedans. Voici un petit enfant appelé Stevenson - deux d'entre eux - l'un nommé Mannie (Minnie ?) veut envoyer son amour à son père dans le corps et à sa mère dans le corps - elle il a mal à la gorge et s'est évanoui. Il va très mal et est parti très malheureux. Elle s'accroche à moi et me supplie de vous dire qu'elle est la petite Mannie Stevenson et que son père est presque mort de chagrin, il pleure, pleurant terriblement. et il est parti très malheureux. Dis-lui qu'elle n'est pas morte, mais envoie-lui son amour et dis-lui de ne pas pleurer.

Professeur LODGE. —"Peut-elle mieux envoyer son nom ?"

PHINUIT. — "Oh, ils l'appelaient Pet, et quand elle était malade, ils l'appelaient Birdie. Et dis à maman aussi, fais-le."

Professeur L. — "Eh bien, je le ferai si je peux."

Le professeur Lodge n'a pas pu découvrir la famille Stevenson, ce qui était dommage, pour deux raisons ; d'abord, qu'un message venu d'outre-tombe aurait pu redonner un peu d'espoir et de calme aux parents désespérés ; et deuxièmement, parce que les cavillers n'auraient pas pu attribuer l'incident à la ruse du médium, ce qu'ils ne manqueraient pas de faire si d'autres incidents de même nature ne rendaient cette interprétation presque inadmissible.

Lors de la 45e séance anglaise, [48] lorsque MM. Oliver et Alfred Lodge ainsi que M. et Mme Thompson étaient présents, Phinuit dit soudain :

"Connaissez-vous Richard Rich, M. Rich ?"

Mme THOMPSON. — "Pas bien, j'ai connu un docteur Rich."

PHINUIT. — "C'est lui, il s'est évanoui. Il adresse ses meilleures salutations à son père." Et Phinuit commença directement à parler d'autre chose.

À la 83e séance, lorsque M. et Mme Thompson étaient de nouveau présents, Phinuit dit d'un seul coup :

"Voici le Dr Rich ;" sur quoi le Dr Rich continue de parler.

Docteur RICH. — "C'est très gentil de la part de ce monsieur" (*c'est-à-dire* le Dr Phinuit) "de me laisser vous parler. Monsieur Thompson, je veux que vous donniez un message à mon père."

Monsieur THOMPSON. — "Je vais le donner."

Dr R. — " Merci mille fois, c'est très gentil de votre part. Vous voyez, je me suis évanoui un peu brusquement. Père en était très troublé, et il l'est encore. Il ne s'en remet pas. Dites-lui. que je suis vivante, que je lui envoie mon amour. Où sont mes lunettes » (la médium se passe les mains sur les yeux) ? "Je portais des lunettes" (vrai). "Je pense qu'il les a, ainsi que certains de mes livres. J'avais une petite mallette noire; je pense qu'il l'a aussi. Je ne veux pas que cela se perde. Parfois, il est gêné par une sensation de vertige dans sa tête – il est nerveux. à ce sujet, mais cela n'a aucune conséquence.

Mr T. — « Que fait votre père ?

(Le médium prit une carte et parut écrire dessus, et fit mine de mettre un cachet dans un coin.)

Dr R. — "Il s'occupe de ce genre de choses. Monsieur Thompson, si vous voulez bien transmettre ce message, je vous aiderai de plusieurs manières. Je peux et je le ferai."

Le professeur Lodge fait remarquer à propos de cet incident : « M. Rich, senior, est à la tête du bureau de poste de Liverpool. Son fils, le Dr Rich, était presque un étranger pour M. Thompson, et tout à fait étranger pour moi. Le père a été très affligé par la mort de son fils. , nous constatons que M. Thompson est depuis venu le voir et lui a donné le message. Il (M. Rich, senior) considère l'épisode comme très extraordinaire et inexplicable, sauf par une sorte de fraude. " Il affirme que c'est caractéristique et il admet avoir eu récemment un léger vertige. M. Rich ne savait pas ce que son fils entendait par *un cas noir* . La seule personne qui pouvait donner des informations à ce sujet se trouvait à l'époque en Allemagne. Mais cela a été signalé. que le Dr Rich parlait constamment d'un cas noir lorsqu'il était sur son lit de mort.

Il ne fait aucun doute que M. et Mme Thompson connaissaient le Dr Rich, pour l'avoir rencontré une fois. Mais ils ignoraient complètement tous les détails donnés ici. Où le médium les a-t-il emmenés ? Pas à cause de « l'influence » laissée sur un objet, car il n'y avait pas d'objet de ce type à la séance.

Lors d'une séance le 28 novembre 1892, [49] chez M. Howard, alors que les personnes présentes étaient M. et Mme Howard, leur fille Katherine et le Dr Hodgson, Phinuit demanda soudain :

"Qui est Farnan?"

Monsieur HOWARD. — "Vernon ?"

PHINUIT . — "Je ne sais pas comment vous le prononcez. C'est Farnsworth." (Phinuit l'a épelé.)

Docteur HODGSON. — "Et alors ?"

PHINUIT. — "Il veut te voir."

Dr H. — « Il veut me voir ?

PHINUIT. — "Pas vous, mais cette dame."

Mme H. — « Eh bien, que veut-il me dire ? Est-ce une femme ou un homme ?

PHINUIT. — "C'est un gentleman ; et vous souvenez-vous de votre tante Ellen ?"

Mme H. — « Oui ; quelle tante Ellen ?

PHINUIT. — "Elle a ce monsieur." (*C'est-à-dire que* cet homme était à son service.)

Plus loin, Phinuit ajoute : « Ce monsieur voulait lui envoyer son amour et qu'on se souvienne de vous, afin que vous sachiez qu'il est ici, et c'est une épreuve. Ces petites choses m'interrompent parfois beaucoup et quand je pars pour vous l'expliquer, vous ne pouvez pas le comprendre. Mais parfois, quand je vous parle, je suis soudainement interrompu par quelqu'un qui ne réalise pas ce qu'il fait, et alors je vous donne ce qu'il dit aussi près que moi. pouvez, vous comprenez cela, et il m'est parfois très difficile de le discerner et de le placer au bon endroit.

Mme Howard a demandé à sa tante Ellen si elle avait connu quelqu'un du nom de Farnsworth, sans lui en dire plus. Phinuit avait raison : un jardinier nommé Farnsworth avait travaillé pour son oncle puis pour son grand-père trente-cinq ou quarante ans auparavant. Mme Howard n'avait jamais entendu parler de lui.

Des incidents comme ceux que je viens de raconter sont évidemment difficiles à expliquer par la théorie télépathique.

Mais une réfutation plus complète de l'hypothèse télépathique serait d'obtenir un certain nombre de prédictions réalisées. Le médium ne pouvait pas lire des événements qui ne se sont pas encore produits, ni dans l'esprit des vivants, ni dans « l'influence » laissée sur les objets. Phinuit s'est souvent essayé aux prédictions ; J'en citerai un.

A la deuxième séance de M. Bourget, [50] en 1893, parut une Mme Pitman, qui avait vécu longtemps en France et parlait bien français, et qui offrit d'aider l'artiste avec qui M. Bourget désirait s'entretenir dans ses efforts pour communiquer.

En 1888, Mme Pitman, qui était membre de l'American Society for Psychical Research, avait eu deux séances avec Mme Piper. Entre autres choses, Phinuit lui dit : « Tu vas être très malade ; tu iras à Paris ; tu seras très malade : tu auras une grande faiblesse à l'estomac et à la tête. Un monsieur au teint sablonneux t'assistera pendant que tu sont malades au-delà de la mer. » En conséquence, Mme Pitman a demandé à Phinuit quelle serait la fin de la maladie. Phinuit a fait des réponses évasives. Mme Pitman a demandé l'intervention du Dr Hodgson ; il insista à son tour, et Phinuit s'en sortit en disant : "Après avoir guéri de la maladie, tout ira bien."

Mme Pitman a répondu qu'il n'y avait aucun problème avec son estomac ; elle contredit Phinuit sur tous les points, et il parut très ennuyé. Mais Mme Pitman tomba bientôt malade. Elle était accompagnée d'un certain docteur Herbert, qui était très juste ; il a diagnostiqué une inflammation de l'estomac. Alors Mme Pitman commença à croire à la prédiction de Phinuit ; mais interprétant mal ses dernières paroles, elle crut pouvoir se rétablir. Le Dr Charcott la soignait à Paris pour une maladie nerveuse. Elle souffrait d'une faiblesse cérébrale et ses facultés mentales étaient altérées. Bref, elle est morte.

Encore une fois, d'autres communications qui ne correspondent pas à la théorie télépathique sont celles provenant de très jeunes enfants. Lorsqu'ils communiquent peu de temps après la mort, ils reproduisent leurs gestes enfantins, ils répètent les quelques mots qu'ils avaient commencé à balbutier ; ils demandent par des gestes les jouets qui leur ont plu. Tous ces détails se retrouvent évidemment dans l'esprit des parents. Mais lorsque ces enfants communiquent de longues années après leur mort, c'est comme s'ils avaient grandi dans l'autre monde ; ils ne font que rarement allusion aux impressions de leur enfance, même lorsque ces impressions restent vives dans l'esprit du père et de la mère. George Pelham servait un jour d'intermédiaire pour un enfant décédé depuis de nombreuses années. La mère parlait naturellement de lui comme d'un enfant, et George Pelham lui rétorqua : « Roland est un gentleman ; ce n'est pas un petit garçon. » [51]

[44] *Proc. du SPR* , vol. XIII. p. 370.

[45] *Proc. du SPR* , vol. XIII. p. 494.

[46] *Ibid.* , p. 495.

[47] *Proc. du SPR* , vol. vi. p. 514.

[48] *Proc. du SPR* , vol. vi. p. 509.

[49] *Proc. du SPR* , vol. XIII. p. 416.

[50] *Proc. du SPR* , vol. XIII. p. 496.

[51] *Proc. du SPR* , vol. XIII. p. 512.

CHAPITRE IX

Examen plus approfondi des difficultés du problème — George Pelham —
Développement de l'écriture automatique.

L'empire de Phinuit resta incontesté jusqu'au mois de mars 1892. Il céda parfois sa place à d'autres contrôles, mais rarement au cours d'une séance entière. Cependant, en mars 1892, apparaît un nouveau communicateur qui impose sa collaboration à Phinuit, avec ou sans l'accord de ce dernier. Ce nouveau venu se faisait appeler George Pelham [52] et affirmait qu'il était l'esprit désincarné d'un jeune homme de trente-deux ans, tué quatre ou cinq semaines auparavant par un accident de cheval. Quoi qu'il en soit, ce nouveau contrôle avait plus de culture, plus d'élévation morale et un plus grand amour de la vérité que le soi-disant médecin français. Ces derniers bénéficièrent de la compagnie ; il essayait d'être plus véridique et semblait faire moins appel à son imagination ; enfin toutes les séances s'améliorèrent, même celles où Phinuit paraissait seul.

Le nouveau venu a fait tout ce qui était en son pouvoir pour établir son identité. Son succès est encore sujet à discussion, aux yeux de certains, et leurs doutes prouvent au moins que, pour résoudre ce plus grand de tous les problèmes, il ne suffit pas que les communicateurs nous donnent de nombreux détails qui semblent à première vue pour établir leur identité, bien que les quelques cas dans lesquels l'identité semble prouvée nous fournissent une forte présomption en faveur de la survie après la mort. Si George Pelham est ce qu'il prétend être, les générations futures lui devront *une* profonde gratitude ; il a fait tout ce qu'il pouvait, dans des circonstances qui semblent très défavorables, même si nous ne sommes pas en mesure d'en comprendre les difficultés.

Il n'est pas toujours facile de prouver son identité, même entre vivants. Imaginez un homme en Angleterre, au bout d'un fil télégraphique ou téléphonique ; imaginez qu'un certain nombre de ses amis à l'autre bout du fil, en France, refusent de le croire lorsqu'il se présente comme un tel et lui disent : « S'il vous plaît, prouvez votre identité ». Le malheureux sera en difficulté. Il dira : « Vous souvenez-vous de notre présence ensemble dans un tel endroit ? La réponse sera : "C'est absurde ; quelqu'un vous a parlé de cet incident, et cela ne prouve en rien que vous êtes la personne que vous prétendez être." Ainsi de suite. Un fait est cependant incontestable ; il y a quelqu'un au bout du fil. La théorie télépathique affirme que, malgré les apparences, il n'y a personne au bout du fil, ou, du moins, que personne n'est là hormis le médium, temporairement doté de pouvoirs aussi mystérieux qu'extraordinaires. Mais revenons à George Pelham.

Pelham n'est pas son nom exact. La dernière syllabe a été légèrement modifiée, par souci de discrétion. Il appartenait à une bonne famille aux États-Unis , qui compte parmi ses ancêtres Benjamin Franklin. Il avait étudié le droit, mais une fois ses études terminées, il se livra exclusivement à la littérature et à la philosophie. Il avait publié deux ouvrages qui lui valurent de nombreux éloges de la part de juges compétents. Il vivait depuis longtemps à Boston ou dans ses environs. Les trois dernières années de sa vie se sont déroulées à New York. En février 1892, il tomba de cheval et fut tué sur le coup.

Il s'était intéressé à la recherche psychique, bien que très sceptique à ce sujet. Il était membre de l'American Society, puis de la branche américaine de la Society for Psychical Research. Le Dr Hodgson le connaissait très bien et aimait lui parler en raison de la justesse de son jugement et de la vivacité de son intelligence. Mais ni le temps ni les circonstances n'avaient permis de nouer entre eux des liens d'affection ou une véritable amitié.

Deux ans avant la mort de George Pelham, lui et le Dr Hodgson ont eu une longue discussion concernant sa vie future. George Pelham soutenait que c'était non seulement improbable, mais aussi inconcevable. Le Dr Hodgson a soutenu que c'était au moins concevable. Après de nombreux échanges d'arguments, George Pelham a fini par admettre tant de choses et a terminé la conversation en disant que, s'il mourait avant le Dr Hodgson et se retrouvait « encore existant », il « rendrait les choses vivantes » dans l'effort de révéler le fait.

George Pelham, plus chanceux que bien d'autres qui, avant ou après lui, ont fait la même promesse, semble avoir tenu parole. Que beaucoup d'autres n'y soient pas parvenus ne prouve rien. Les moyens de communication sont encore décidément rares ; Mme Piper est jusqu'à nos jours un médium presque unique en son genre. Il se peut que la grande majorité des habitants de l'autre monde se trouve dans la même situation que la grande majorité de celui-ci et ignore la possibilité de communication. Même si ceux qui promettent de revenir connaissent cette possibilité, la difficulté de reconnaître leurs amis doit être grande, puisqu'ils ne semblent pas percevoir la matière. Leurs amis qui sont encore dans le corps devraient, semble-t-il, les appeler en pensant intensément à eux, en présentant aux bons médiums des objets ayant appartenu aux morts, et auxquels est attaché un fort souvenir émotionnel, et en demandant les contrôles de ces derniers. médiums pour les rechercher.

Lorsque ces précautions ne sont pas prises, les survivants ont tort de blâmer le non-respect de la parole de leurs amis ou de conclure que tout s'arrête avec la mort du corps.

George Pelham a peut-être pu se manifester grâce à des circonstances particulièrement favorables. Il connaissait l'existence de Mme Piper, même si, très probablement, Mme Piper ne le connaissait pas. En 1888, l'American Society for Psychical Research avait nommé une commission chargée d'étudier les phénomènes médiumniques ; cette commission a demandé à Mme Piper une série de séances. Je ne sais pas si George Pelham était membre de la commission, mais il était présent à l'une des séances. Les noms de tous les participants furent soigneusement tenus secrets, et rien ne se produisit de nature à attirer l'attention du médium sur George Pelham, qui, selon toute probabilité, passa inaperçu.

Le Dr Hodgson pense pouvoir affirmer que Mme Piper n'a appris que très récemment que George Pelham avait été présent à l'une de ses séances. Le nom de George Pelham a dû lui être révélé bien plus tard, car, dans son état normal, elle ignore tout à fait ce qu'elle a dit dans son état de transe ; elle l'apprend, comme tous ceux qui s'intéressent à ces questions, en lisant les *Actes de la Société de Recherche Psychique*, sauf lorsque le Dr Hodgson juge à propos de lui dire quoi que ce soit.

Avec l'apparition de George Pelham, une nouvelle méthode de communication est apparue : la méthode de l'écriture automatique.

Ce n'est que le 12 mars 1892 [53] qu'il fut accordé au Dr Hodgson d'être présent pour la première fois lors de la rédaction de cet écrit ; même si cela s'était produit à de rares occasions auparavant. Phinuit servait d'intermédiaire à une communicatrice qui se faisait appeler Annie D. Vers la fin de la séance, le bras de Mme Piper se leva lentement jusqu'à ce que la main soit au-dessus de sa tête. Le bras restait rigide dans cette position, mais la main tremblait très rapidement. Phinuit s'est exclamé : « Elle m'a enlevé la main » et a ajouté : « elle veut écrire ». Le Dr Hodgson a mis un crayon entre les doigts de Mme Piper et un bloc-notes sur sa tête. "Tiens la main", dit Phinuit. Le Dr Hodgson saisit le poignet et arrêta le tremblement. Puis la main écrivit : « Je m'appelle Annie D. Je ne suis pas morte mais vivante », et quelques autres mots ; alors Phinuit murmura : "Rends-moi ma main." Le bras resta contracté et dans la même position pendant un court moment, mais finalement, lentement et comme avec beaucoup de difficulté, il descendit sur le côté. Au cours des séances suivantes, l'écriture fut produite dans la même position gênante. Mais le 29 avril 1892, le Dr Hodgson disposa une table de manière à ce que le bras droit de Mme Piper puisse y reposer confortablement ; puis, saisissant le bras et commandant de toutes ses forces : « Il faut que tu essaies d'écrire sur la table », il réussit, en usant pas peu de force, à baisser le bras. Depuis, l'écriture se fait avec le bras posé plus ou moins sur la table. Lorsqu'un témoin prend possession du bras pour écrire, il est pris de violentes convulsions spasmodiques. Les cahiers, les cahiers, les crayons et tout ce qui se trouve sur la table sont jetés en désordre sur le sol. Parfois, une force considérable doit être employée pour maintenir le bras immobile. Ensuite, un crayon est placé entre les doigts et l'écriture commence. Parfois, mais rarement, l'écriture est interrompue par un spasme ; la main est bien fermée et le poignet fléchi, mais au bout de quelques secondes le spasme disparaît et l'écriture recommence.

La plupart du temps, depuis que l'écriture automatique est devenue facile, deux contrôles se sont manifestés simultanément : l'un par la voix, l'autre par l'écriture ; Phinuit continue d'utiliser la voix, selon son ancienne coutume. George Pelham, bien qu'il utilise aussi occasionnellement la voix, préfère l'écriture. Le 24 février 1894, un contrôle écrivait : « Il n'y a aucune raison pour que différents esprits spirituels ne puissent pas exprimer leurs pensées en même temps, à travers le même organisme. » C'est vraiment ce qui se passe. La voix peut entretenir une conversation avec quelqu'un tandis que la main en entretient une autre en écrivant avec quelqu'un d'autre sur un sujet totalement différent. Si la personne qui parle avec la main laisse son attention être distraite par ce que dit la voix, la main rappelle son attention par ses mouvements. Lorsque quelqu'un parle à la commande manuelle, il est nécessaire de parler à la main et à proximité de la main, sinon il y a un risque de ne pas être compris. Bref, il faut se comporter comme si la main était un être complet et indépendant.

L'observation de ce phénomène suggéra au Dr Hodgson qu'en utilisant la main gauche il pourrait peut-être obtenir trois communications sur trois sujets différents. Il essaya et réussit, quoique imparfaitement ; sans doute parce que, à l'état normal, la main gauche n'est pas habituée à écrire.

Autrefois Phinuit protestait lorsque la main était saisie et demandait aussitôt qu'on la lui rendît, comme nous l'avons vu plus haut. Depuis que l'écriture automatique a été développée, la main peut être utilisée par une seule commande sans que le fait soit perçu par la commande qui utilise la voix. Un jour, Phinuit parlait avec un modèle de ses relations, lorsque la main, tout à coup, et pour ainsi dire subrepticement, écrivit pour le Dr Hodgson une communication censée venir d'un ami intime, et traitant d'un sujet tout à fait différent de ceux dont la voix parlait. Le Dr Hodgson ajoute que c'était "précisément comme si un appelant entrait dans une pièce où deux inconnus conversaient, mais un de ses amis également présent, et murmurait un message spécial à l'oreille de cet ami sans perturber la conversation". [54]

Phinuit semble préférer ne pas remarquer ce que fait la main. Il parle tant qu'il a un interlocuteur, mais, lorsque les messages transmis par la main détournent l'attention de cet interlocuteur, Phinuit dit souvent : « Je vais l'aider ». Que veut-il dire par là? C'est un mystère. Mais si l'on souhaite continuer la conversation avec lui, il faut s'adresser à l'oreille dès qu'il est prêt à reprendre. Tout cela n'interrompt pas l'écriture ; la tête et la main ne se gênent pas.

Les observateurs de ces phénomènes étranges, notamment le Dr Hodgson, soutiennent que les témoins écrivent sans avoir conscience d'écrire, comme sans doute ils parlent sans avoir conscience d'écrire. D'après ce qu'ils disent, ces contrôleurs perçoivent dans le corps du médium deux masses principales du fluide mystérieux, l'énergie inconnue qui leur apparaît comme de la lumière, et qu'ils appellent la « lumière ». L'une de ces masses est dans la tête, l'autre dans la main. Les contrôles pensent « dans » cette lumière, et leurs pensées nous sont transmises automatiquement à travers l'organisme.

L'écriture automatique diffère selon les commandes. Ils ne parviennent pas toujours à reproduire de leur vivant les caractéristiques de leur écriture. George Pelham a tenté de le faire au moins une fois, sans succès. Mais cela ne devrait pas nous surprendre ; nous ne travaillons pas aussi bien avec les outils des autres qu'avec les nôtres. En tout cas, cette différence d'écriture est une présomption d'autant plus en faveur de la différence d'individualité.

L'écriture ressemble souvent à celle d'une pierre lithographique et ne peut être lue que lorsqu'elle est réfléchie dans un verre ; cette écriture, appelée écriture miroir, se produit aussi rapidement que l'écriture ordinaire, bien que Mme Piper, dans son état normal, serait incapable d'écrire de cette manière. Cette écriture miroir a souvent été observée chez des sujets qui écrivent automatiquement ; la cause reste à trouver.

Dans d'autres cas, les mots sont écrits à l'envers. Ainsi pour *l'hôpital* , *du latipsoh* sera obtenu. Avec certains médiums, on écrit ainsi non seulement des mots mais des phrases entières. Pour les lire, il faut commencer à la dernière lettre et lire à rebours jusqu'à la première. Les syllabes sont également souvent mal placées dans l'écriture automatique de Mme Piper ; ainsi *hôpital* peut s'écrire *hostipal* . Je rappelle au lecteur que je fais référence à des faits bien attestés par des hommes compétents, sur lesquels il ne saurait être question de fraude.

Il existe des procès-verbaux détaillés de nombreuses séances, copiés à partir de notes sténographiques. Une tentative a été faite pour introduire un phonographe. Phinuit a touché la bouche en plaisantant avec ses mains et a demandé : « C'est quoi ce truc avec un tube ? La tentative de lui expliquer son utilisation a échoué. Cependant, le phonographe enregistrait assez bien la séance, mais l'expérience ne fut pas répétée. Pourquoi, je ne le sais pas, car les intonations des commandes auraient été une étude intéressante.

J'ai souvent utilisé dans ce chapitre des expressions d'affirmation, et le lecteur pourrait donc conclure que l'existence des esprits n'est plus à mes yeux une hypothèse, mais une réalité. Je l'ai déjà prévenu, et je le préviens encore, que je ne parle ainsi que par commodité, et que l'existence des Esprits est encore pour moi aussi hypothétique que pour tout autre.

[52] Ce n'est pas le vrai nom. *Voir* p. 78, *trad.*

[53] *Proc. du SPR* , vol. XIII. p. 291.

[54] *Proc. du SPR* , vol. XIII. p. 294.

CHAPITRE X

Comment George Pelham a prouvé son identité — Il reconnaît ses amis et fait allusion à leurs opinions — Il reconnaît les objets qui lui ont appartenu — Demande qu'on fasse certaines choses pour lui — Fait très rarement une déclaration erronée.

Certains de mes lecteurs ont dû se demander ce que George Pelham, de retour, avait pu dire pour faire croire à des hommes graves et intelligents qu'il avait prouvé son identité. J'essaierai de leur en donner une idée en racontant les incidents que je pourrai rapporter sans entrer dans des détails trop légers ou trop complets. Je ne peux pas tout raconter, d'abord par manque de place, et ensuite parce que je serais ennuyeux, chose à éviter dans une œuvre populaire comme celle-ci.

Lorsque le Dr Hodgson rédigea le rapport paru en 1898, George Pelham, qui, comme Phinuit, est toujours prêt à servir d'intermédiaire (bien qu'employant l'écriture au lieu de la parole), avait eu l'occasion de voir cent cinquante participants, parmi lesquels trente étaient âgés. ses amis. Il reconnaissait les trente hommes au complet et ne prenait jamais un étranger pour un ami. Non seulement il s'adressait à tous par leurs noms, mais il prenait avec chacun d'eux le ton qu'il avait l'habitude de prendre.

On ne parle pas de la même manière à tous nos amis. Le ton de notre conversation diffère selon le caractère et l'âge de la personne à laquelle on s'adresse, et selon le degré d'estime ou d'affection que nous avons pour lui. Ces nuances de manières sont typiques, quoique instinctives, et sont donc difficiles à reproduire artificiellement.

George Pelham s'adressa donc aux trente amis qu'il avait eu l'occasion de rencontrer par voie médium, sur le ton qu'il avait l'habitude de prendre autrefois avec chacun d'eux. Les incidents que je citerai ne sont que des exemples ; J'ai dit pourquoi je ne pouvais pas récapituler tout ce qui a été publié sur ces séances. [55] En outre, les séances, pour des raisons faciles à imaginer, ont refusé de permettre la publication de tout ce qu'il y avait de plus privé, et par conséquent de plus convaincant, dans les séances.

Dès le début George Pelham demande à voir son père. Il dit qu'il souhaite lui parler d'affaires privées, et aussi qu'il aimerait le convaincre, si possible, de son existence dans un monde nouveau. M. Pelham fut immédiatement informé et, bien qu'il fût très sceptique tant par sa nature que par son éducation, lui et sa seconde épouse, la belle-mère de George Pelham, rendirent immédiatement visite à Mme Piper. Ils ont été présentés sous de faux noms. Dès le début de la séance, George Pelham écrivait : « Bonjour, père et mère, je suis George ! Les communications qui suivirent furent tout à fait celles que M. Pelham, père, aurait pu attendre de son fils vivant.

Lors d'une des premières séances, il demande des nouvelles d'un de ses amis, un jeune écrivain, et lui demande instamment de rédiger l'un de ses articles inédits, celui de George Pelham.

Alors que George Pelham vivait à Boston, il entretenait des liens de forte affection avec la famille Howard. Il vivait souvent et pendant de longues périodes avec eux. Lui et James Howard discutaient souvent ensemble de graves problèmes philosophiques. Lors de la première séance, George Pelham demanda avec insistance les Howard. [56] "Dites à Jim que je veux le voir. Il aura du mal à me croire, il croira que je suis ici. Je veux qu'il sache où je suis. Ô bon garçon !" Il accueille M. et Mme Howard d'une manière caractéristique : « Jim, c'est vous ? Parlez-moi vite. Je ne suis pas mort. Ne me croyez pas mort. Je suis terriblement heureux de vous voir. Vous ne voyez pas moi ? Tu ne m'entends pas ? Donne mon amour à mon père et dis-lui que je veux le voir. Je suis heureux ici, et d'autant plus que je trouve que je peux communiquer avec toi. parler."

Un M. Vance a une séance. George Pelham l'avait connu. Au début, le communicateur ne semble pas le remarquer, étant occupé à transmettre des messages au Dr Hodgson. Mais bientôt George Pelham le reconnaît et dit : « Comment va votre fils ? Je veux le voir un jour. "George, où as-tu connu mon fils ?" "En cours d'études au collège." "George, où es-tu resté avec nous ?" "Campagne, maison particulière, arbres autour, porche qui fait saillie devant. Vigne sur le côté. Porche devant et balançoire de l'autre côté." Tout cela était exact. [57]

Miss Helen Vance et George Pelham avaient appartenu en même temps à une société d'entraide dans l'art d'écrire. Elle s'assit quelque temps après que cela eut commencé. Mme Piper, dans son état normal, ne l'avait jamais rencontrée. Néanmoins, George Pelham lui demande aussitôt : « Comment va la société ? Un peu plus tard, le dialogue suivant a lieu entre Miss Vance et George Pelham : « Maintenant, à qui devez-vous corriger vos écrits ? "Nous nous corrigeons mutuellement." "Mais est-ce qu'ils donnent satisfaction ?" "Oui." "Quoi, dans leurs corrections ?" "Oui, mais pas autant que toi ; tes corrections étaient meilleures que les leurs." "Eh bien, c'est ce que j'essaie de faire sortir de toi." "En d'autres termes, George, tu voulais un compliment de ma part." "Oh, mon pote, tu me connais mieux que ça."

Miss Warner a eu deux séances avec Mme Piper [58] cinq ans après la mort de George Pelham. Il l'avait connue lorsqu'elle était toute petite, mais il ne l'avait pas vue depuis trois ans avant de mourir, et en huit ans, une enfant devient une grande jeune fille. Par conséquent, à la première séance, George Pelham ne reconnut pas du tout Miss Warner. Lors de la deuxième séance, il l'a admis et a déclaré : « Je ne pense pas vous avoir jamais très bien connu. "Très peu. Tu venais voir ma mère." "J'ai entendu parler de toi, je suppose." "Je vous ai vu plusieurs fois. Vous veniez avec M. Rogers." "Oui, je me suis souvenu de M. Rogers quand je vous ai vu auparavant." "Oui, tu as parlé de lui." "Oui, mais je n'arrive pas à te situer. J'ai envie de placer tous mes amis, et j'aurais pu le faire avant d'être parti si longtemps. Tu vois, je suis plus loin - chaque jour je m'éloigne de toi. Je le fais. je ne me souviens pas de ton visage; tu as dû changer. À ce moment, le Dr Hodgson demanda : « Vous souvenez-vous de Mme Warner ? "Bien sûr, oh, très bien. Par pitié, êtes-vous sa petite fille ?" "Oui." " Par Jupiter ! comme tu as grandi ! J'ai tant pensé à ta mère, une femme charmante. "

George Pelham ne reconnaît pas seulement ses amis [59], comme nous venons de le voir ; il se souvient aussi de leurs opinions, de leurs occupations, de leurs habitudes. James Howard est un auteur. Il lui demande : « Pourquoi n'écris-tu pas sur ce sujet ? (la vie future). Rogers écrit également. Il demande : « Qu'est-ce que Rogers écrit maintenant ? "Un roman." "Je ne veux pas dire ça. N'est-il pas en train d'écrire quelque chose sur moi ?" "Oui, il prépare un mémoire sur toi." "C'est gentil de sa part. On est content de ne pas être oublié. Il a toujours été très bon avec moi de mon vivant."

Il se souvient des opinions de son père et des discussions qu'ils eurent sur des questions philosophiques. « Je voudrais convaincre mon père », dit-il ; "Mais ce sera dur. Ce sera plus facile pour ma mère." Il dit à James Howard : « Vous souvenez-vous de la façon dont nous nous demandions des livres de certains genres, sur certains livres, où ils se trouvaient, et vous saviez toujours exactement où les trouver. Autrefois, lorsque James Howard et George Pelham causaient ensemble le soir, le premier fumait habituellement une longue pipe. Lors d'une séance tenue dans la bibliothèque où ces conversations avaient lieu, George Pelham dit à M. Howard : « Prends la longue pipe et fume. » Katharine est l'une des filles de James Howard, qui joue du violon. Autrefois, sa pratique ennuyait grandement George Pelham, qui vivait avec les Howard. Il lui dit lors d'une séance : « Katharine, comment va le violon ? T'entendre jouer est horrible, horrible. Mme Howard répond : "Oui, George, mais ne voyez-vous pas qu'elle aime sa musique parce que c'est la meilleure qu'elle ait." "Non, mais c'est ce que je disais."

« Marte » est un pseudonyme adopté par le Dr Hodgson pour désigner un écrivain américain bien connu. C'est un moniste, partisan du darwinisme, convaincu que la mort du corps est pour nous la fin de tout. Lors d'une séance, George Pelham lui dit : « L'évolution est bonne dans la vie réelle, comme le dit Darwin, mais elle continue d'évoluer dans la vie idéale, ce dont, bien sûr, il ignorait tout jusqu'à son arrivée ici. »

George Pelham reconnaît également les objets qui lui ont appartenu, principalement ceux dont on se souvient d'une association émotionnelle.

John Hart, lors de la première séance à laquelle George Pelham parut, donna quelques boutons de manches qu'il portait et demanda : « Qui me les a donnés ? "C'est à moi. Je te l'ai envoyé." "Quand?" "Avant de venir ici. C'est à moi. Maman te l'a donné." "Non!" "Eh bien, père alors, père et mère ensemble. Vous les avez récupérés après mon évanouissement. Mère les a pris, les a donnés à père, et père vous les a donnés. Je veux que vous les gardiez. Je vous les donnerai." Tout cela est exact.

Lors d'une autre séance, Mme Howard donne une photo. Elle le plaça sur la tête du médium. « Est-ce que vous reconnaissez cela ? "Oui, c'est votre maison d'été ; mais j'ai oublié le nom de la ville." "Tu ne te souviens pas de D.?" "Oh, la petite maison en brique et la vigne, la vigne, certains l'appellent. Oui, je me souviens de tout, cela revient aussi distinctement que la lumière du jour. Où est la petite dépendance ?" Tout cela est exact. Le poulailler que George Pelham fut surpris de ne pas voir était un poulailler qui venait tout juste de disparaître de la photographie. Lors d'une autre séance, Mme Howard posa un livre sur la tête du médium. Il ne faut pas oublier que les yeux du médium sont fermés et les globes oculaires retournés. « Reconnaissez-vous ce livre ? "Oh, oui, ce sont mes paroles en français." Inutile d'ajouter que c'était exact. George Pelham demande des informations sur les sujets qui l'intéressaient dans la vie. Il demande qu'on fasse des choses pour lui. Lors de la première séance, il dit au modèle, John Hart : "Montez dans ma chambre, où j'écris. J'ai laissé les choses toutes mélangées. J'aimerais que vous montiez et les arrangeiez pour moi. Beaucoup de noms, beaucoup de lettres. Vous y répondez pour moi.

Evelyn est une autre des filles de M. Howard. George Pelham lui avait donné un livre et y avait écrit son nom. Il lui demande si elle s'en souvient.

Il n'a pas non plus oublié ses discours précédents. Il aimait Evelyn, mais cela ne l'empêchait pas de la taquiner constamment. Elle est donc faible en mathématiques. Lors d'une séance, George Pelham lui dit : « Je ne vais plus exciter Evelyn maintenant ; je la tourmentais beaucoup autrefois, mais elle me pardonnera, je sais. Ce qui ne l'empêche pas d'ajouter juste après : "Evelyn est une fille qui sait toujours dire combien font deux et deux. Vous venez d'apprendre, n'est-ce pas ? Vous n'êtes pas une grande douée en mathématiques, n'est-ce pas ?" Mais il ajoute rapidement : "Maintenant, sois sage, Evelyn. Peu importe tes leçons ; être sage est le point le plus important de tous."

James Howard avait posé plusieurs questions à George Pelham auxquelles ce dernier n'avait pas répondu, affirmant qu'il avait oublié. C'est pour cette raison que James Howard doutait encore de l'identité de George Pelham. Un jour, le premier lui dit : « Georges, dis-moi quelque chose que toi et moi seuls savons. Je te le demande, parce que tu n'as pas réussi à comprendre plusieurs choses que je t'ai demandées. Nous avons passé de nombreux étés et hivers ensemble et avons parlé ensemble. beaucoup de choses et avaient beaucoup de points de vue en commun, ont vécu beaucoup d'expériences ensemble, dites-moi maintenant quelque chose dont vous vous souvenez. La main se mit aussitôt à écrire avec empressement : les événements relatés étaient si privés qu'ils ne pouvaient être publiés. A un moment donné, la main écrivit « Privé ». Le Dr Hodgson a ensuite quitté la pièce. A son retour, James Howard lui dit qu'il avait obtenu toutes les preuves qu'il pouvait désirer et qu'il était « parfaitement satisfait, parfaitement ».

Lors de la première séance à laquelle George Pelham comparut, alors que John Hart était le modèle, George parla soudain de Katharine, la fille de James Howard, et il dit quelque chose qui, à l'époque, n'avait aucun sens pour John Hart. "Dis-lui, elle le saura. Je résoudrai les problèmes, Katharine." Lorsque John Hart rapporta ces paroles aux Howard, ils furent plus frappés que par toute autre chose. Lors du dernier séjour de George Pelham chez eux, il avait fréquemment discuté avec Katharine de questions philosophiques profondes, telles que le temps, l'espace, l'éternité, et lui avait fait remarquer à quel point les solutions communément acceptées étaient insatisfaisantes. Puis il avait ajouté presque textuellement les mots de la communication : « Je résoudrai ces problèmes un jour, Katharine. Remarquez qu'à cette époque les Howard n'avaient encore jamais vu Mme Piper, que John Hart ne savait absolument rien de ces conversations, et que le Dr Hodgson, qui prenait des notes lors de la séance, ne connaissait pas à l'époque les Howard ni ces conversations.

George Pelham avait reçu une bonne éducation classique. C'était un humaniste. On retrouve donc dans sa langue un assez grand nombre d'expressions latines ; habituel, sans doute, chez les gens de son éducation, mais que Mme Piper ne connaît pas dans son état normal. Phinuit, qui ne peut pas être un bon latiniste, ne les emploie pas non plus. L'observation de ce fait inspira au professeur Newbold [60] l'idée de demander à George Pelham de traduire un court fragment de grec, et il proposa les premiers mots qui lui vinrent à l'esprit ; le début du Paternoster : [grec : Pater hêmôn ho en tois ouranois]. George Pelham fit quelques tentatives et finit par traduire « Notre Père est aux cieux ». Le professeur Newbold propose alors une phrase plus longue, qu'il compose lui-même sur place pour l'occasion : [grec : Ouk esti thanatos ; hai gar tôn thnêtôn psychai zôên zôsin athanaton, aidion, makarion]. Cela signifie : « Il n'y a pas de mort ; les âmes des mortels vivent réellement une vie immortelle, éternelle et heureuse. » George Pelham appela à son aide Stainton Moses, qui de son vivant passait pour un bon helléniste. Ensemble, tous deux n'ont réussi qu'à comprendre la première proposition :

« Il n'y a pas de mort ». Ces expériences prouvent en tout cas que Mme Piper, en état de transe, peut comprendre un peu le grec, bien que dans son état normal, elle ne connaisse même pas les lettres. Encore une fois, George Pelham et Stainton Moses connaissaient peut-être assez bien le grec et l'avaient oublié : c'est un accident qui est arrivé à beaucoup d'entre nous.

A propos de cette traduction du grec, on pourrait formuler une autre hypothèse. On pourrait supposer que les esprits de George Pelham et de Stainton Moses — s'il y a des esprits — percevant directement la pensée, et non son expression matérielle, ont en partie compris ce que voulait dire le professeur Newbold, sans savoir dans quelle langue cela était exprimé. S'ils ne comprenaient pas tout à fait, ce serait parce qu'une pensée exprimée dans une langue étrangère a dans notre esprit un certain flou. Nous pourrions aller plus loin ; on pourrait supposer que le subconscient de Mme Piper perçoit la pensée directement, indépendamment de la forme sous laquelle elle s'exprime. Mme Piper a souvent prononcé des mots et des phrases courtes en langues étrangères. Phinuit aime dire : "Bonjour, comment vous portez vous ? Au revoir !" et compter en français. Mme. Elisa, une Italienne, la sœur décédée de Mme Howard, réussit à écrire ou à prononcer quelques phrases courtes dans un italien plus ou moins bizarre. Je trouve également, lors d'une séance où le communicateur était censé être un jeune hawaïen, trois ou quatre mots hawaïens très appropriés aux circonstances. Mme Piper ignore tout cela dans son état normal. Je viens de dire que les Esprits, s'il y a des Esprits, perçoivent directement la pensée. Ils nous le disent eux-mêmes. En revanche, ils ne perçoivent pas la matière, qui pour eux n'existe pas. Cela m'amène à un nouvel aspect des séances, principalement celles avec George Pelham. Si cette caractéristique n'augmente pas les preuves d'identité, elle est au moins une preuve des pouvoirs anormaux du médium. [61] On demande à George Pelham d'aller voir ce que fait telle personne à un moment donné et de revenir le raconter. Il y va et réussit en partie. Voici ce qui semble se produire : si l'acte est fortement conçu dans l'esprit de celui qu'il observe, il le perçoit clairement ; si c'est presque automatique, il s'en aperçoit vaguement ; si c'est tout à fait automatique, il ne s'en aperçoit pas du tout. Il dit souvent que des actions se sont produites qui ont seulement été planifiées et non exécutées, à d'autres moments il rapporte des actions passées comme étant présentes. C'est que les Esprits n'ont pas, semble-t-il, une notion claire du temps. Je n'ai malheureusement ni le temps ni l'espace pour donner des exemples.

Peut-on dire que le communicateur George Pelham n'a jamais fait une affirmation partiellement ou totalement erronée ? Non. Mais le nombre de telles affirmations est très restreint, ce qui n'était pas le cas lorsque Phinuit régnait seul. Voici une de ces affirmations, sur laquelle il y a eu beaucoup de tergiversations ; les gens ont insisté pour y voir l'empreinte de Mme Piper et de son environnement social, et pas du tout l'empreinte de l'aristocratique

George Pelham. On demande à George Pelham : « Ne pourriez-vous pas nous dire quelque chose que votre mère a fait ? Il répond : [62] « Je l'ai vue brosser mes vêtements et les ranger. J'étais à ses côtés pendant qu'elle le faisait. Je l'ai vue prendre mes boutons de manche dans une petite boîte et les donner à mon père. Je l'ai vue mettre quelques papiers dans une boîte en fer blanc. Lorsque Mme Pelham est interrogée par lettre, elle répond : « Les vêtements de George ont été brossés et rangés, non pas par moi, mais par l'homme qui l'avait valet de chambre. » Et la conclusion hâtive est que Mme Piper, à cette occasion, se croyait membre de sa propre classe. Elle a oublié que Mme Pelham ne brossait pas et ne rangeait pas elle-même les vêtements. C'est peut-être un triomphe trop précipité. Les femmes les plus nobles peuvent occasionnellement brosser et ranger leurs vêtements. Supposons maintenant que ce que j'ai dit plus haut sur la manière dont les Esprits perçoivent nos actions soit vrai. George Pelham a peut-être vu le projet de l'action dans l'esprit de sa belle-mère, et non son exécution par le valet de chambre. On objectera peut-être qu'il aurait dû supposer qu'elle ne le ferait pas elle-même. Pourquoi? Je ne le vois pas. Peut-être savait-il que sa belle-mère était capable, de temps en temps, de ranger elle-même ses vêtements.

George Pelham se voit souvent poser des questions auxquelles il ne peut pas répondre. Mais il ne prétend nullement n'avoir rien oublié. S'il existe un autre monde, les esprits n'y vont pas pour ruminer ce qui s'est passé dans notre vie incomplète. Ils y vont pour se laisser emporter dans le tourbillon d'une activité de plus en plus grande. Si donc ils oublient parfois, ce n'est pas étonnant. Néanmoins, ils semblent oublier moins que nous.

[55] Il est recommandé aux lecteurs intéressés par cette question de lire le rapport du Dr Hodgson, *Proc. du SPR*, vol. XIII., *Trad.*

[56] *Proc. du SPR*, vol. XIII. p. 300.

[57] *Ibid.*, p. 458.

[58] *Proc. du SPR*, p. 324.

[59] Pour les rapports de ces séances, voir *Proc. du SPR*, vol. viii. pages 413 à 441.

[60] *Proc. du SPR*, vol. XIV. p. 46.

[61] *Proc. du SPR*, vol. XIII. p. 329.

[62] *Proc. du SPR*, vol. XIII. p. 303.

CHAPITRE XI

La philosophie de George Pelham – La nature de l'âme – Les premiers
instants après la mort – La vie dans l'autre monde – George Pelham
contredit Stainton Moses – L'espace et le temps dans l'autre monde –
Comment les esprits nous voient – Moyens de communication.

Le communicateur George Pelham ne se limite pas à obtenir la
reconnaissance de ses amis ; il causa beaucoup de philosophie avec eux,
notamment avec le docteur Hodgson. En fait, s'il ne l'avait pas fait, cette
omission aurait pu créer un doute sur son identité, car de son vivant il aimait
ce genre de discussions. Mais pour le moment, le Dr Hodgson a gardé ces
spéculations de l'autre côté de la tombe, pensant à juste titre qu'elles
n'auraient aucune valeur tant que des preuves irréfutables de l'existence d'un
« autre monde » n'auraient pas été produites. On trouve cependant, parmi les
comptes rendus de séances, quelques fragments de ces théories
philosophiques, et ils forment un sujet d'étude intéressant.

La philosophie n'est peut-être que celle de Mme Piper. Mais il se peut, d'un
autre côté, qu'il s'agisse de la philosophie de George Pelham désincarné, et
pour cette raison elle n'est pas indigne d'être examinée. En supposant
cependant que les affirmations avancées soient en réalité celles d'un habitant
de l'autre monde qui, dans ce monde, était intelligent, honnête et cultivé, la
question se pose encore de savoir si nous devons les considérer comme
exprimant la Vérité Absolue. Sûrement pas; s'il existe un autre monde au-
delà de celui-ci, ses habitants ont gravi un échelon – mais un échelon
seulement – au-dessus de nous sur l'échelle infinie de l'existence. Ils ne voient
pas l'Éternel face à face. Il est fort possible qu'ils soient capables de voir
clairement des vérités que nous n'avons pas un aperçu, mais nous ne sommes
pas obligés de croire plus que nous ne le souhaitons à ce qu'ils nous disent.

Si l'existence de George Pelham désincarné est établie, une nouvelle lumière
sera sans aucun doute jetée sur le vieux problème de la nature de l'âme, un
problème aussi vieux que le monde lui-même. Les disciples du Socrate de
Platon essayèrent de l'interpréter par la charmante analogie de la lyre et de
son harmonie ; se demandant si l'homme ne peut pas être comparé à une lyre
et son âme à son harmonie, harmonie qui cesse d'exister lorsque l'instrument
est brisé. En utilisant des termes plus modernes, on peut se demander si l'âme
est la résultante des forces de l'organisme corporel, ou si elle est le moteur
indestructible et mystérieux qui produit l'action de cet organisme.

George Pelham déclare que l'âme est en vérité le moteur et que le corps n'est
qu'une machine utilisée temporairement par l'âme pour agir sur le monde
obscur de la matière. Il s'exprime en ces termes : La pensée existe en dehors
de la matière et ne dépend en aucune manière de la matière. La destruction

du corps n'a pas pour conséquence la destruction de la pensée. Après la dissolution du corps, l'Ego continue son existence, mais il perçoit alors directement la pensée, est beaucoup plus libre et peut s'exprimer beaucoup plus clairement que lorsqu'il était étouffé par la matière. L'âme et la pensée ne font qu'un ; la pensée est l'attribut inséparable de l'Ego ou de l'âme individuelle. A son arrivée dans ce monde, l'âme est prête à enregistrer d'innombrables nouvelles pensées ; c'est une *table rase* sur laquelle rien n'a été inscrit.

C'est une pensée noble, si elle est vraie, et qui élargit merveilleusement notre vision étroite. Mais, comme je l'ai dit, je me réserve mon droit d'examen critique. Ailleurs, George Pelham dit : « Nous avons un fac-similé astral — les mots sont de lui — de notre corps physique, un fac-similé qui persiste après la dissolution du corps physique. » Il semblerait que ce soit le corps astral des Théosophes. Mais le terme « fac-similé » laisse perplexe, car j'ai toujours cru que la forme particulière qu'a réellement l'Humanité était entièrement déterminée par les lois de notre univers physique, qu'il s'agissait d'une adaptation à son environnement, et que si une modification, si légère soit-elle, , étaient créés, par exemple, selon les lois de la gravité, la forme humaine subirait une variation correspondante. Sir William Crookes a fait dernièrement quelques observations intéressantes à ce sujet. Mais je reviendrai sur cette question.

Or, la physique de l'autre monde doit être très différente de la physique de ce monde, puisque le monde à venir n'est pas matériel, ou du moins que sa matière est excessivement subtile. Comment alors la forme que nous avons dans ce monde devrait-elle perdurer dans l'autre ?

Or, si nous avons un corps astral qui accompagne notre Ego dans l'autre monde, et si ce corps astral est constitué d'un fluide semblable à ce que nous supposons être l'éther, ou identique à cet éther, ce fluide doit être de la matière sous une forme quelconque, bien que la matière soit évidemment soumise à de toutes autres lois que celles de notre monde de substance palpable. Rien ne prouve d'ailleurs que l'âme ne soit pas la résultante des forces organiques de ce corps astral. Si ce corps astral, comme cela est probable, subit à son tour une désintégration, rien ne prouve que l'âme survit à cette seconde désagrégation. Si toutes ces suppositions étaient avérées, le vieux problème concernant la nature de l'âme aurait été reporté à un stade ultérieur, mais il n'aurait pas été résolu.

Mais, dans l'état actuel des choses, c'est peut-être pousser la spéculation trop loin. Freinons notre ambition et demandons à George Pelham quelles sont les sensations ressenties immédiatement après la mort. Tout était sombre, dit-il ; peu à peu, la conscience revint et il s'éveilla à une nouvelle vie. "Au début, je ne pouvais rien distinguer. [63] Les heures les plus sombres juste avant l'aube, tu le sais, Jim. J'étais perplexe, confus." C'est assez probable. S'il en est ainsi, la mort doit être une sorte de naissance dans un autre monde, et il est facile de comprendre que l'âme qui vient de naître dans ce nouveau monde ne peut y voir ou y comprendre grand-chose que quelque temps après cette naissance.

James Howard fit remarquer à George Pelham qu'il avait dû être surpris de se retrouver encore en vie, ce à quoi George Pelham répondit : « Parfaitement. Très surpris. Je ne croyais pas à une vie future. Cela dépassait mes capacités de raisonnement. aussi clair pour moi que la lumière du jour. Ailleurs, il dit que lorsqu'il a découvert qu'il vivait à nouveau, il a sauté de joie. Cette joie est assez compréhensible ; ceux d'entre nous qui se résignent à la perspective de l'anéantissement sont peu nombreux. L'idée que la mort est l'anéantissement nous fait, contre tout principe de logique, frissonner jusqu'aux moelles. Un tel sentiment indique peut-être une révolte de l'âme intérieure qui se sait immortelle et ne peut, sans un frisson de peur, affronter l'idée de non-existence, une idée en opposition avec sa nature même.

Aux impressions de George Pelham peuvent être comparées celles d'un autre communicateur appelé Frederick Atkin Morton, qui était passé dans l'autre monde d'une manière tout à fait différente. Ce Morton avait récemment lancé un journal ; l'anxiété, le surmenage et peut-être d'autres causes lui ont fait perdre la raison. Sa folie ne dura que peu de temps ; lors d'une de ses attaques, il s'est tiré une balle dans la tête et a été tué sur le coup. La première fois qu'il essaya de communiquer, ses propos montrèrent une grande incohérence ; ce n'est pas une surprise si l'on se souvient des observations du Dr Hodgson à ce sujet. Mais ses pensées devinrent bientôt claires, et à la seconde séance ses communications furent assez précises. C'est ainsi qu'il raconte à son frère Dick ses impressions sur sa propre mort. Il ne parle pas de suicide, un acte qu'il a probablement commis sans avoir pleinement conscience de ce qu'il faisait, mais à la fin de la séance, la main de Mme Piper a écrit le mot « Pistolet ». La mort était due à un coup de pistolet. [64] "Quand dimanche", dit-il, "j'ai commencé à perdre mon équilibre mental, puis tout à coup je n'ai réalisé rien ni personne." En réponse à la question de savoir quelle était sa prochaine expérience, il continue : "J'ai découvert que j'étais dans ce monde. Je ne savais pas pour le moment où j'étais seulement, je me sentais étrange et plus libre ; ma tête était légère, aussi mon corps… mes pensées ont commencé à s'éclaircir lorsque j'ai remarqué que j'avais quitté mon corps matériel. Depuis lors, j'essaie de t'atteindre, Dick, j'ai vu une lumière et de nombreux visages qui m'appelaient et essayaient de me réconforter. me montrant et m'assurant que j'allais bientôt aller bien, et presque instantanément j'ai découvert que j'allais bien. Ensuite, je vous ai appelé et j'ai essayé de vous dire où et comment j'étais, et, à une exception près, c'est la seule chance que j'ai. J'avais. Maintenant, vous voyez, je profite de l'occasion.

Après la question de savoir comment un homme passe dans l'au-delà, la question la plus intéressante pour nous est de savoir comment il se sent lorsqu'il y arrive. D'une manière générale, les rapports sont satisfaisants. L'un des oncles du professeur Hyslop, bien qu'il semble avoir eu une vie heureuse ici, dit entre autres choses à son neveu [65] : « Je ne reviendrais pas pour tout ce que j'ai jamais possédé : musique, fleurs, promenades, promenades, plaisirs de la vie. toutes sortes, des livres et tout." Un autre communicateur, John Hart, le premier modèle à qui George Pelham est apparu, a déclaré lors de sa première apparition : « Notre monde est la demeure de la paix et de l'abondance. » Si tel est le cas, quelle agréable surprise nous attend, car dans ce monde nous n'avons pas beaucoup d'expérience de Paix et d'Abondance. Mais je crains que John Hart n'ait exagéré ; Chaque jour, la faucille du Faucheur rejette de ce monde dans les autres de tels éléments de discorde, sans parler de ceux qui ont dû s'y trouver depuis longtemps, que je me demande quels moyens sont pris pour empêcher qu'ils ne créent un trouble. Quoi qu'il en soit, si en quittant ce monde nous passons dans un autre, espérons que le monde nouveau sera meilleur que l'ancien, sinon nous aurons toutes les raisons de regretter que la mort ne soit pas l'anéantissement.

Mais George Pelham, à son tour, assure que nous ne perdons pas au changement. Il est mort, on s'en souvient, à l'âge de trente-deux ans. Lorsque le Dr Hodgson lui a demandé s'il n'était pas parti trop tôt, il a répondu avec emphase : « Non, Hodgson, non, pas trop tôt.

Mais si les Esprits sont heureux, plus ou moins heureux, selon les spiritualistes, selon qu'ils sont plus ou moins développés — et il ne semble rien d'inadmissible dans cette théorie — il faut supposer que leur bonheur n'est pas purement contemplatif. On pourrait bientôt en avoir assez d'un tel bonheur. Ils sont actifs ; ils sont, comme nous, occupés, sans que nous puissions comprendre en quoi consiste leur occupation. Qu'il en soit ainsi, cela est affirmé et réaffirmé dans les séances, et nous pourrions le supposer, même si les Esprits ne l'affirmaient pas. George Pelham dit à son ami James Howard qu'il aura bientôt une occupation. [66] La première fois que j'ai lu cette déclaration, dans une revue qui n'en reproduisait qu'un court fragment et ne rendait en rien l'effet réel de ces séances, je me souviens que l'impression produite sur moi fut très désagréable. Combien ces soi-disant enquêteurs doivent être peu sophistiqués, pensai-je, pour ne pas voir qu'une telle phrase ne peut pas venir d'un esprit ; il porte trop nettement l'empreinte de la terre !

Depuis lors, la réflexion m'a fait admettre que les Esprits pouvaient très bien avoir aussi leurs occupations ; le monde à venir, s'il existe, doit être une sphère d'activité nouvelle. Le travail est la loi universelle. Lorsqu'on demanda à George Pelham en quoi consistaient les occupations des esprits, il répondit qu'elles étaient comme les occupations les plus nobles des hommes, et consistaient à aider les autres à avancer. Cette réponse ne satisfera sans doute pas ceux qui ne sont animés que par une vaine curiosité, mais elle contient une profonde vérité philosophique. Si nos diverses occupations sur terre sont considérées d'un point de vue quelque peu supérieur, on verra que leur fin ultime n'est rien d'autre que la perfection de l'humanité. Ceux d'entre nous qui ont évolué le plus loin s'en rendent compte, et les autres ne le savent pas ; il doit en être de même dans l'autre monde, bien que George Pelham ne le dise pas. Tous nos efforts et nos efforts sont regardés avec indifférence par la nature qui n'en a pas besoin, mais les nécessités de la vie font sentir aux hommes qu'ils sont frères et les obligent à se polir les uns les autres, comme les pierres de la plage roulées d'avant en arrière. les vagues et arrondies et polies en frottant les unes contre les autres. Volontairement ou non, consciemment ou inconsciemment, nous nous forçons les uns les autres à avancer et à nous améliorer à tous égards. Le monde a été, je pense avec justice, comparé à un creuset dans lequel les âmes sont purifiées par la douleur et le travail et préparées à des fins plus élevées. Je ne voudrais pas aller jusqu'à Schopenhauer et dire qu'il s'agit d'un simple règlement pénal.

Un célèbre médium anglais, William Stainton Moses, dans un livre bien connu des lecteurs spiritualistes, *Spirit Teachings* , a développé, ou plutôt a permis à ses guides spirituels de développer, la théorie selon laquelle les âmes quittent cette terre en emportant avec elles tous leurs désirs et tout leur mal. passions. N'ayant aucun corps dans l'autre monde pour leur permettre d'assouvir ces désirs, ils sont soumis au véritable châtiment de Tantale. Alors ils s'efforcent de satisfaire leurs passions matérielles, au moins, si je puis dire, par procuration ; ils poussent les hommes incarnés, tous inconscients, à s'abandonner à ces vices et à ces passions. Ils incitent le joueur à jouer, l'ivrogne à boire ; en un mot, ils poussent, autant qu'ils le peuvent, tout homme vicieux au fond de l'abîme créé par son propre vice ; le crime et la débauche les enivrent et les remplissent de joie. Les âmes plus développées et nobles, malgré tous leurs efforts, sont incapables de conjurer l'influence des âmes sous-développées et mauvaises. En un mot, nous avons là la vieille fable des démons et des anges arrangée pour convenir aux doctrines du spiritualisme moderne. Il s'agit bien de la vieille fable avec une différence ; les démons désirent la perdition de l'homme par jalousie, parce qu'étant eux-mêmes condamnés éternellement, ils veulent entraîner avec eux le plus d'âmes possible ; les âmes mauvaises de Stainton Moses désirent la perdition de l'homme pour satisfaire leurs propres mauvais penchants. Les démons sont des esprits, méchants certes, mais pourtant des esprits, alors que les âmes maléfiques de Stainton Moses ne sont que de misérables fantômes rendus fous par l'amour de la matière. Certes, tout est possible, comme le dit le professeur Flournoy, mais cette théorie est quelque peu étonnante, car elle semble faire graviter les habitants de l'autre monde autour de notre misérable terre, et s'apparente à la vieille théorie astronomique qui plaçait notre petit globe au centre de l'univers. S'il existe un autre monde, il est difficile de croire que ses habitants passent la plus grande partie de leur temps à s'occuper de nous, les uns pour nous faire du mal et les autres pour nous faire du bien.

Le professeur William Romaine Newbold, dans une séance qui eut lieu le 19 juin 1895, demanda à George Pelham ce qu'il fallait penser de cette théorie de Stainton Moses. [67]

Professeur NEWBOLD. — « L'âme emporte-t-elle dans sa nouvelle vie toutes ses passions et ses appétits animaux ?

GEORGES PELHAM. — "Oh non, en effet, pas du tout. Eh bien, mon bon ami et érudit, vous auriez un monde résolument matériel s'il en était ainsi."

Professeur NEWBOLD. — "Les écrits de Stainton Moses affirmaient que l'âme portait avec elle toutes ses passions et ses appétits et qu'elle en était très lentement purifiée."

GEORGES PELHAM. — "Tout cela est faux."

Professeur NEWBOLD. — "Et que les âmes des méchants planent sur la terre, incitant les pécheurs à leur propre destruction."

GEORGES PELHAM. — "Non. Pas du tout. Je prétends comprendre cela, et ce n'est catégoriquement pas vrai. Les pécheurs ne sont pécheurs que dans une seule vie."

Le résultat de ce déni de la doctrine de Moïse fut qu'on demanda à George Pelham de trouver Stainton Moses et de le supplier de venir lui-même et de communiquer. Voici un fragment de conversation entre le professeur Newbold et le désincarné Stainton Moses.

Professeur NEWBOLD. — "Vous avez enseigné que les mauvais esprits tentent les pécheurs vers leur propre destruction ?"

WS MOÏSE. — "J'ai découvert différemment depuis que je suis arrivé ici. Cette déclaration particulière que mes amis m'ont donnée comme médium lorsque j'étais dans le corps n'est pas vraie." [68]

Professeur NEWBOLD. — "Votre deuxième affirmation était que l'âme porte avec elle ses passions et ses appétits."

WS MOÏSE. — "Les passions matérielles. Faux. Ce n'est pas le cas. Je croyais que nous avions tous les désirs après avoir atteint cette vie comme lorsque nous étions dans le corps, mais je trouve que nous laissons tous ces désirs derrière nous ; en d'autres termes, les mauvaises pensées meurent avec le corps. "

Ainsi, sur ce point, l'enseignement de George Pelham diffère de celui de Stainton Moses. Mais, dit le professeur Newbold, la plupart d'entre eux sont plutôt d'accord.

Or, lorsque nous atteindrons cet autre monde, il est certain que nous y serons d'abord complètement perdus, car tout ce que nous considérons ici comme des conditions d'existence indispensables y fera défaut. Les Esprits disent qu'ils ne perçoivent pas la matière qui est pour eux comme inexistante, alors qu'ici la science actuelle affirme qu'en dehors de la matière mue par la force, il n'y a rien. Il serait étrange que la science de demain prouve que la matière n'est qu'une sorte d'illusion passagère de l'esprit. Ici nous ne concevons rien en dehors de l'espace et du temps, alors que les Esprits semblent n'avoir que des notions confuses de l'espace et du temps. Telle est en premier lieu l'opinion qu'ils affirment constamment ; et ensuite, si on leur demande, par exemple, depuis combien de temps ils sont morts, ils sont généralement incapables de le dire. Encore une fois, dans leurs communications, ils évoquent souvent des événements présents qui ont eu lieu il y a longtemps. J'ai déjà dit qu'on a souvent demandé à George Pelham d'aller voir ce que font certaines personnes absentes et de revenir le rapporter ; il a généralement réussi, mais il a parfois commis la curieuse erreur de prendre le passé pour le présent. Voici une illustration. On lui dit d'aller voir ce que faisait Mme Howard, absente à ce moment-là ; il revient et fait son rapport. Le Dr Hodgson écrit pour demander à Mme Howard ce qu'elle faisait au moment de la séance et il lui répond qu'elle n'a fait aucune des choses signalées le jour de la séance, mais qu'elle les avait toutes faites au cours de la séance. l'après-midi et le soir de la veille. [69] Il semble probable que George Pelham avait lu les pensées de Mme Howard et, dans son incapacité à apprécier le temps, il avait pris le passé pour le présent.

Le même genre de chose semble se produire dans le cas de l'espace. Phinuit, pour obliger le professeur Newbold, va trouver Stainton Moses. Phinuit dit qu'il habite une grande sphère et que Stainton Moses vit dans une partie très éloignée de cette sphère. Mais malgré cela, il le ramène presque aussitôt. Lorsqu'on présente au médium des objets susceptibles d'attirer les soi-disant esprits avec lesquels les assistants souhaitent communiquer, ces esprits arrivent pour la plupart immédiatement, quel que soit l'endroit où ils soient morts ; John Hart, mort à Naples, communique deux jours après à Boston. Mais il est difficile de présumer que les esprits nous attendent là-bas. Si leur apparition peut être hâtée ou retardée par la sympathie ou l'antipathie, en revanche ce que nous appelons la distance ne semble pas les déranger le moins du monde ; et pourtant nous trouvons perpétuellement dans les communications des phrases telles que : « Chaque jour je m'éloigne de toi », « Maintenant je suis très loin de toi ». Mais de telles expressions ne doivent probablement pas être interprétées littéralement. Les Esprits s'éloignent de nous à mesure qu'ils progressent dans le monde spirituel et sans doute aussi à mesure que les choses de ce monde occupent de moins en moins de place dans leurs souvenirs.

Les esprits nous voient mais ils ne voient pas nos corps, puisqu'ils ne perçoivent pas la matière. Ils voient l'esprit en nous mais il leur apparaît plus ou moins obscur, tant qu'il est dans le corps. "C'est par la partie spirituelle de votre être que je vous vois", dit George Pelham, "que je suis capable de vous suivre et de vous dire de temps en temps ce que vous faites."

Et que pensent-ils de notre vie sur terre ? Voici une citation de George Pelham qui nous le dira : [70] « Rappelez-vous que nous aurons toujours nos amis dans la vie de rêve, *c'est-à-dire* , votre vie pour ainsi dire, qui nous attirera pour toujours et à jamais, et aussi longtemps que nous avez-vous des amis qui dorment dans le monde matériel ; pour nous, vous ressemblez davantage au sommeil, vous avez l'air enfermé en prison. "

Le professeur Hyslop avait une sœur décédée très jeune ; elle envoie un court message à son frère lui disant qu'il rêve pendant qu'elle vit et qu'elle lui envoie son amour.

Notre vie semble alors n'être qu'un sommeil accompagné de rêves qui sont parfois de terribles cauchemars. S'il en est ainsi, nous ne pouvons qu'espérer l'aube et le réveil, et souhaiter bientôt entendre le chant du coq qui mettra en fuite les fantômes de la nuit. Heureux serions-nous si nous avions la certitude qu'il en serait ainsi !

Cela me rappelle un beau passage d'un poète espagnol, que je ne peux m'empêcher de citer : « Vivre, c'est rêver ; l'expérience enseigne que l'homme rêve ce qu'il est jusqu'au moment de son réveil. Le roi rêve qu'il est roi et passe ses jours dans l'erreur, donnant des ordres et disposant de la vie et des biens. Le riche rêve de la richesse qui est la cause de son inquiétude ; le pauvre rêve de la pauvreté et du besoin dont il souffre. Moi aussi, je rêve que je suis ici chargé. avec des chaînes, et autrefois je rêvais que j'étais heureux. Nos rêves ne sont que des rêves dans un rêve.

Notre monde peut donc être comparé à la grotte dont parle Platon dans le Livre VII de la *République* . Dans la conversation entre le Dr Hodgson et George Pelham, lorsque George Pelham a promis que s'il était le premier à mourir et s'il découvrait qu'il avait une autre vie, il ferait tout ce qu'il pourrait pour prouver son existence, ils ont fait référence au vieux mythe platonicien. . Dans les communications de ce qu'on appelle George Pelham, une allusion a été faite à l'allégorie, et cela me justifie de la rappeler brièvement.

Platon imagine des prisonniers qui, depuis leur naissance, sont enchaînés dans une grotte obscure de telle manière qu'ils ne peuvent ni bouger ni tourner la tête, et ne peuvent que regarder droit devant eux. Derrière et au-dessus des captifs brûle un grand feu, et entre le feu et les captifs des hommes vont et viennent portant dans leurs mains des vases, des statues, des images d'animaux et de plantes, et bien d'autres objets. Les ombres de ces hommes et des objets qu'ils portent sont projetées sur le mur de la caverne qui est opposé aux captifs, qui ne connaissent ainsi du monde extérieur que ces ombres qu'ils prennent pour des réalités, et ils passent leur temps à discuter des ombres, les nommer et les classer.

L'un des captifs est enlevé de cet endroit sombre et transporté dans le monde extérieur. D'abord la lumière l'éblouit et il ne distingue rien. Mais peu à peu, au fil du temps, sa vue s'adapte à son environnement et il apprend à regarder les étoiles, la lune et le soleil lui-même. Lorsqu'il est ramené dans la grotte et qu'il s'assoit de nouveau à côté de ses compagnons, il participe à leurs discussions et tente de leur faire comprendre que ce qu'ils prennent pour des réalités ne sont que des ombres. Mais eux, confiants dans les résultats de leurs longues réflexions sur le sujet, se moquent de lui . La même chose arriverait à une âme qui aurait habité pendant un certain temps dans le monde spirituel et aurait été ramenée dans le monde matériel.

Lorsque le captif de Platon est ramené dans la grotte, ses yeux, plus habitués à la pénombre, ne peuvent rien distinguer pendant quelque temps ; si on l'interroge sur les ombres des objets qui passent, il ne les voit pas, et ses réponses sont pleines de confusion. Peut-être que quelque chose de semblable arrive aux esprits désincarnés qui tentent de se manifester à nous en empruntant l'organisme d'un médium. Telle est du moins la suggestion de George Pelham ; il expliquerait ainsi l'incohérence, la confusion, les fausses déclarations faites par beaucoup d'esprits communicants : [71] « Pour que nous puissions entrer en communication avec vous, nous devons entrer dans votre sphère, comme quelqu'un qui, comme vous, est endormi. C'est justement pour cela que nous commettons des erreurs, comme vous les appelez, ou que nous devenons confus et embrouillés, pour ainsi dire. Je ne suis pas moins intelligent maintenant. Mais il y a beaucoup de difficultés, je suis bien plus clair sur tous les points que je ne l'étais, enfermé dans le monde. corps. « Ne me regardez pas avec un œil critique, mais ignorez mes imperfections. »

George Pelham nous explique également comment invoquer les esprits de ceux avec qui nous désirons communiquer. Les pensées de ses amis lui parviennent ; s'il veut venir se manifester, il faut que ses amis pensent à lui. Il ajoute que, loin de nuire aux esprits communicants ou aux participants, les communications sont positivement souhaitables.

Un jour, le Dr Hodgson demanda ce qu'il était advenu du médium pendant la transe. [72]

GEORGES PELHAM. —"Elle s'évanouit alors que votre éthéré s'éteint lorsque vous dormez."

Docteur HODGSON. — "Eh bien, voyez-vous qu'il y a un conflit, parce que la substance cérébrale est, pour ainsi dire, saturée de ses tendances de pensée ?"

GEORGES PELHAM. — "Non, pas ça, mais la substance solide appelée cerveau - il est difficile de la contrôler simplement parce qu'elle est matérielle ; son esprit laisse le cerveau vide pour ainsi dire, et moi-même, ou un autre esprit ou pensée spirituel, prenons le vide". cerveau, et c'est là que se situe le lieu et le moment où le conflit surgit. »

Tout cela est bien inintelligible dans l'état actuel de nos connaissances. Mais voici un autre passage encore moins intelligible et qui, dans sa *naïveté,* laisse presque penser que l'orateur se joue de nous. George Pelham dit à son ami James Howard lors de la première séance à laquelle James Howard était présent : [73] « Votre voix, Jim, je peux la distinguer avec votre accent et votre articulation, mais elle sonne comme un gros tambour de cuivre. tu aimes le moindre murmure.

J. HOWARD. — « Notre conversation s'apparente donc à un appel téléphonique ?

GEORGES PELHAM. -"Oui."

J. HOWARD. — "Par téléphone longue distance."

George Pelham rit.

Comprenez qui peut ! S'agit-il seulement d'analogies ? On ne sait que penser. Une autre chose difficile à comprendre est la « faiblesse » dont se plaignent les Esprits, surtout vers la fin des séances. George Pelham dit en effet qu'il ne faut pas exiger des esprits ce qu'ils n'ont pas, à savoir la force. Si les Esprits veulent dire que la « lumière » du médium s'affaiblit et ne leur fournit plus l'inconnu dont ils ont besoin pour communiquer, pourquoi ne s'expriment-ils pas plus clairement ?

On pensera peut-être que je me suis arrêté un peu trop longtemps sur ce que j'ai appelé la philosophie de George Pelham. J'ai pensé qu'il valait mieux le faire, et il n'y a pas de mal tant que je laisse à mes lecteurs le soin de croire autant qu'ils le souhaitent.

[63] *Proc. du SPR* , vol. XIII. p. 301.

[64] *Proc. du SPR* , vol. XIV. p. 18.

[65] *Proc. du SPR* , vol. XVI. p. 315.

[66] *Proc. du SPR* , vol. XIII. p. 301.

[67] *Proc. du SPR* , vol. XIV. p. 36.

[68] Dans une autre séance, WS Moïse dit que, comme il avait ce point de vue très fermement dans sa vie, il était sûr que ses guides spirituels le lui avaient dit.

[69] *Proc. du SPR*, vol. XIII. pages 305, 306.

[70] *Proc. du SPR*, vol. XIII. p. 362. -

[71] *Proc. du SPR*, vol. XIII. pages 362, 363.

[72] *Proc. du SPR*, vol. XIII. p. 434.

[73] *Proc. du SPR*, vol. XIII. p. 301.

CHAPITRE XII

William Stainton Moses—Ce que George Pelham pense de lui—Comment l'Imperator et ses assistants ont remplacé Phinuit.

Pour ceux de mes lecteurs qui ne connaissent pas la littérature spiritualiste, et afin de faciliter la compréhension de ce qui suit, je dois donner un bref aperçu de la vie du médium anglais William Stainton Moses. Il est né en 1839 et décédé en 1892. Il étudia à Oxford, puis fut vicaire à Maughold, près de Ramsey, sur l'île de Man. Sa grande gentillesse le rendit aimé de tous ses paroissiens. Lorsqu'une épidémie de variole chassa même les médecins, il resta fidèlement à son poste, soignant les corps et réconfortant les âmes. Mais il avait une santé précaire et était surmené à Maughold. Il obtint une autre cure, où il y avait moins de travail, à Saint George's, Douglas, également dans l'île de Man. C'est à Douglas que l'amitié, brisée seulement par la mort, s'est nouée entre lui et le Dr Stanhope Speer. Peu après, une affection de la gorge l'empêcha de prêcher, et il quitta le service de l'Église pour se consacrer à l'enseignement. Il se rend à Londres, où il devient tuteur du fils du Dr Stanhope Speer, qui y vivait. Finalement, au début de 1871, il obtint une maîtrise à l'University College School et y resta jusqu'en 1889.

Jusqu'en 1872, William Stainton Moses ne connaissait rien au spiritualisme. S'il en avait vaguement entendu parler, il s'était sans doute empressé de condamner la nouvelle superstition qui enlevait les brebis de son troupeau.

Cependant, en 1872, Mme Speer, malade et confinée dans sa chambre, lut le livre de Dale Owen, *The Debatable Land*. Le livre l'intéressa et elle demanda à Stainton Moses de le lire. Il l'a fait, mais uniquement pour plaire à la femme de son ami. Néanmoins, il devint curieux de savoir dans quelle mesure il pouvait y avoir de la vérité dans cette affaire. Il rendit visite à des médiums et emmena le Dr Speer avec lui, et tous deux furent bientôt convaincus qu'il existait ici une force nouvelle.

C'était l'époque où les phénomènes spiritualistes retenaient beaucoup d'attention aux États-Unis et en Angleterre, et où l'on faisait appel de toutes parts aux corps savants pour mettre fin à ces fantasmagories. C'était l'époque où l'apparition matérialisée de Katie King apparaissait et parlait à de nombreux spectateurs venus de lieux très éloignés. Sir William Crookes pouvait la voir et la photographier autant qu'il le voulait ; insouciant de son environnement, il publie ce qui lui semble être la vérité.

Alors l'homme dont le cerveau était jusqu'alors considéré comme l'un des plus lucides et des mieux organisés que l'humanité ait produit, perdit considérablement dans l'opinion de ses contemporains. Mais nul doute que l'avenir le vengera.

La famille Speer et Stainton Moses commencèrent alors à tenir des séances seuls. Stainton Moses [74] s'est immédiatement révélé être un médium extraordinairement puissant. Ni lui ni personne d'autre n'avait jusqu'à présent soupçonné cette médiumnité. Bien d'autres médiumnités ont été révélées de la même manière, tout d'un coup, par l'expérience. Cela montre que des facultés précieuses pour l'étude de ces problèmes inquiétants peuvent exister chez certains d'entre nous qui s'y attendent le moins.

Les phénomènes physiques qui se produisirent en présence de Stainton Moses furent nombreux et variés.

Ces phénomènes ne peuvent pas être dus au subconscient de Stainton Moses, et ils semblent indiquer une intervention extérieure plus clairement que les communications qu'il nous a laissées. La plus connue de ces communications s'intitule *Spirit Teachings* . Il s'agit d'un long dialogue entre des esprits soi-disant désincarnés et Stainton Moses. Stainton Moses écrivait également automatiquement sans être fasciné. *Les enseignements spirituels* , entre autres choses, ont été obtenus de cette manière. Le médium est encore saturé de sa formation théologique ; il discute, il ergote, et ses guides spirituels lui montrent l'absurdité d'une grande partie de ses croyances. On sait que sa foi robuste a commencé à être ébranlée par le doute quant au moment où sa médiumnité s'est révélée. Si l'on ne tenait pas compte des phénomènes évoqués ci-dessus, on ne serait peut-être pas déraisonnablement tenté de ne voir dans ces dialogues qu'un dédoublement de personnalité ; d'une part la personnalité du pasteur défendant pied à pied ses doctrines, d'autre part la personnalité de l'homme raisonnant qui formule ses propres objections à leur encontre.

Les soi-disant guides spirituels de Stainton Moses formaient un groupe uni obéissant à un seul chef, qui se faisait appeler Imperator. Le recteur, le docteur, Prudens étaient ses subordonnés. Naturellement, ils affirmaient qu'ils étaient les âmes des hommes qui avaient vécu sur terre ; les noms ci-dessus ont été empruntés pour la circonstance ; leurs vrais noms furent révélés à Stainton Moses, qui les écrivit dans un de ses carnets, mais refusa toujours de les publier. Je prie le lecteur d'observer ce détail, qui deviendra important plus tard.

Stainton Moses avait le tempérament d'un apôtre mais pas du tout celui d'un homme de science. Le contenu des messages l'intéressait bien plus que leur origine. L'ancien ecclésiastique préférait discuter d'un texte douteux plutôt que d'accumuler patiemment des faits en se prémunissant par tous les moyens contre la fraude. Certes, il était scrupuleusement honorable ; aucun mensonge conscient n'est jamais sorti de ses lèvres, mais son tempérament rend ses interprétations douteuses, et avec raison. Il fut l'un des premiers membres de la Société de Recherches Psychiques, mais les méthodes que la

Société adopta dès le début n'étaient pas de nature à lui plaire ; de son côté, il croyait qu'il existait déjà d'abondantes preuves, et il ne voyait pas l'utilité d'examiner minutieusement un grand nombre de petits faits.

Le fils du docteur Speer, que Stainton Moses avait enseigné, loue son jugement, sa modestie, sa charité inépuisable. Il était modeste en réalité, et il ne lui venait jamais à l'idée d'être vaniteux des phénomènes miraculeux qui se produisaient en sa présence ; il n'a jamais songé à faire un usage vénal de sa médiumnité. Bien qu'il publie ses communications, il ne publie presque jamais de rapports sur ses phénomènes. C'est Frederic Myers qui les publia à partir des carnets de la famille Speer et de Stainton Moses lui-même. Les notes sont en accord, bien qu'elles aient été faites séparément, et sans aucune idée de publication.

Le fils du Dr Speer affirme que Stainton Moses n'a jamais refusé une discussion et n'a jamais méprisé un adversaire. Mais, d'un autre côté, Frederic Myers, qui l'a bien connu, assure qu'il supportait mal la contradiction et qu'il en fut très vite irrité. La manière dont il s'est retiré de la Society for Psychical Research tend à prouver que c'est Myers qui a raison. Le fils du docteur Speer, dans sa gratitude envers son ancien maître, a dû se tromper.

Je vais maintenant expliquer la raison de ce long préambule sur Stainton Moses. Lors d'une séance qui eut lieu le 19 juin 1895, le professeur Newbold, s'entretenant avec George Pelham, obtint de lui l'énonciation de doctrines qui contredisaient celles données par Stainton Moses dans *Spirit Teachings* . Le professeur Newbold [75] a alors demandé :

« Connaissez-vous Stainton Moses ?

GEORGES PELHAM. — "Non, pas grand-chose. Pourquoi ?"

Professeur NEWBOLD. — "L'avez-vous déjà connu ou saviez-vous ce qu'il faisait?"

GP — « Je n'ai qu'une idée pour l'avoir rencontré ici.

Professeur N. — « Pouvez-vous me dire ce qu'il a dit ?

GP — "Non, seulement qu'il s'agissait de W. Stainton Moses. Je l'ai trouvé pour E. [76] et Hodgson."

Professeur N. — « L'avez-vous dit à Hodgson ?

GP : « Je ne le crois pas.

A l'audience du lendemain, le professeur Newbold revient à la charge.

"Pouvez-vous amener Stainton Moses ici ?"

GP : « Je ferai de mon mieux ».

Professeur N. — « Est-il très avancé ?

GP — « Oh non, je devrais dire non. Il va encore devoir réfléchir un moment.

Professeur N. — « Que voulez-vous dire ?

GP — « Eh bien, avez-vous oublié tout ce que je vous ai dit auparavant ?

Professeur N. — « Vous parlez de progression par le repentir ?

GP : « Certainement. »

Professeur N. — « N'était-il pas bon ?

GP : « Oui, mais pas parfait du tout. »

Professeur N. — « Était-il un vrai médium ?

GP — « C'est vrai, oui, très vrai ; sa « lumière » était très vraie, et pourtant il a commis beaucoup d'erreurs et s'est trompé.

Phinuit, envoyé chercher Stainton Moses, finit par l'amener. George Pelham met en garde le modèle contre les confusions et les incohérences des communications de Stainton Moses. "Quand il arrivera", dit George Pelham, "je le réveillerai".

Professeur N. — « Est-ce qu'il dort ?

GP—"Oh, Billie, tu es stupide, je le crains, parfois. Je ne veux pas le réveiller dans un sens matériel."

Professeur N. — « Moi non plus.

GP — "Eh bien, mon vieux, ne gaspille pas la lumière."

Professeur N. — « Je ne perds pas de lumière, mais je suis obligé de découvrir ce que vous voulez dire.

GP — « Eh bien, c'est ce que je souhaite aussi.

Professeur N. — « Stainton Moses est dans l'esprit depuis près de trois ans... Voulez-vous dire qu'il n'est pas encore exempt de confusion ?

Ces passages explicatifs seraient d'une grande valeur si l'on était sûr qu'il ne s'agit pas d'une personnalité secondaire de Mme Piper.

Plus tard encore, George Pelham revient sur la probable confusion mentale de Stainton Moses, et sur la nécessité de prendre certaines précautions pour obtenir des communications claires. Il avait tout à fait raison. Ces séances, dans lesquelles Stainton Moses était le soi-disant communicateur, sont précisément celles qui rendent l'hypothèse spiritualiste la plus difficile à accepter. Toutes les informations exactes données existaient déjà dans l'esprit des personnes présentes ; tout le reste était faux. Stainton Moses avait d'excellentes chances de prouver son identité. Nous avons dit qu'il avait noté les vrais noms de ses « esprits-guides » ou « contrôles » dans un de ses cahiers. Au moment où ces séances se déroulaient en Amérique, Frédéric Myers, en Angleterre, étudiait ces carnets afin d'en publier autant qu'il le jugerait opportun. Il connaissait ces noms, mais je crois qu'il était la seule personne au monde à les connaître. On dit à Stainton Moses : « Donnez-nous les noms de vos guides spirituels ; ce sera une preuve splendide. M. Myers les connaît, mais nous ne les connaissons pas. Nous les lui enverrons, et s'ils sont corrects, nous ne serons plus pouvoir avoir un doute raisonnable sur votre identité. Le soi-disant Stainton Moses semblait parfaitement comprendre ce qu'on lui demandait ; il a donné les noms, et chacun d'eux avait tort.

En octobre 1896, le Dr Hodgson fit comprendre à George Pelham la nécessité d'obtenir des informations exactes auprès de Stainton Moses, afin que le problème, qui semblait intéresser George Pelham autant que le Dr Hodgson, puisse être résolu. Stainton Moses a alors déclaré qu'il demanderait l'aide de ses anciens guides spirituels. Ces derniers communiquèrent directement à plusieurs reprises, en novembre et décembre 1896 et en janvier 1897. Mais finalement ils exigeèrent que la « lumière » du médium soit mise à leur disposition exclusive. Imperator expliqua que ces expériences inconsidérées avec toutes sortes d'esprits – plus ou moins sous-développés et perturbés – comme communicateurs, avaient fait de Mme Piper, en tant que médium, une machine « usée » et incapable d'être réellement utile. Lui, l'Imperator et ses amis seraient capables de la restaurer à temps. Mais ils doivent avoir le droit d'éloigner les communicateurs qu'ils jugent susceptibles de lui nuire à nouveau. Le Dr Hodgson a expliqué l'importance de tenter cette expérience à Mme Piper dans son état normal. Mme Piper, docile comme d'habitude, consentit. La dernière apparition de Phinuit eut lieu le 26 janvier 1897. Phinuit avait dit autrefois : « Ils me trouvent à redire, ils ne comprendront pas que je fais tout ce que je peux, mais quand ils n'entendront plus ma voix, ils me regretteront. ". Cependant, il n'est pas regretté. Quels que soient les contrôleurs Imperator, Recteur, Docteur et Prudens, puisqu'ils ont contrôlé les communications, celles-ci ont acquis une cohérence, une clarté et une exactitude inconnues auparavant ; les erreurs sont rares et les mensonges évidents inconnus. De plus, Mme Piper entre en transe différemment. Autrefois, il y avait une lutte plus ou moins douloureuse ; elle avait de violentes convulsions et des mouvements spasmodiques ; à présent, elle entre tranquillement en transe, comme si elle s'endormait.

Si, en vérité, Mme Piper en transe n'est qu'un automate, une « machine », dont on se sert pour communiquer entre deux mondes, il est parfaitement évident que, de ce côté comme de l'autre, il est bon d'avoir des honorables et des expérimentateurs expérimentés. Phinuit ne manquait peut-être pas d'expérience, mais il manquait assurément d'honnêteté ; ou peut-être n'a-t-il pas perçu l'extrême importance de la véracité en ces matières ; il ne mentait pas pour le plaisir de mentir, mais il n'hésitait pas à mentir, s'il le fallait, pour échapper à quelque difficulté.

Le nouveau rapport du professeur Hyslop, que je m'apprête à analyser brièvement, nous montrera la nouvelle phase de la médiumnité de Mme Piper. Les résultats sont déjà bons. Imperator affirme néanmoins que la « machine » a encore besoin d'être réparée et qu'il obtiendra bientôt des résultats encore plus merveilleux.

[74] Pour un récit de la médiumnité de W. Stainton Moses, le lecteur est renvoyé aux articles de M. FWH Myers dans le *Proc. du SPR* , vol. ix. p. 245, et vol. XI. p. 24.

[75] *Proc. du SPR* , vol. XIV. p. 36.

[76] Un autre communicateur.

CHAPITRE XIII

Le professeur Hyslop et les journalistes. — Les soi-disant « aveux » de
Mme Piper. — Précautions prises par le professeur Hyslop lors de ses
expériences. — Impressions des séances.

Le dernier rapport [77] que nous possédons sur les phénomènes
accompagnant la transe de Mme Piper est celui du professeur James Hervey
Hyslop, de l'Université Columbia, à New York. Ce rapport parut en
novembre 1901. Les procès-verbaux des séances, les notes, les remarques du
sujet, la discussion des hypothèses, le récit des expériences faites à
l'Université pour éclairer certains points, font ensemble un rapport de 650
pages de lecture attentive. Il ne se réfère pourtant qu'à seize séances, dont la
première eut lieu le 23 décembre 1898. Mais les moindres incidents et les
moindres arguments sont scrupuleusement pesés. C'est, en somme, une
œuvre d'une ampleur considérable.

Le professeur Hyslop a un esprit absolument sincère et très lucide. C'est un
plaisir de le suivre à travers cette masse de faits et d'arguments ; tout est
scrupuleusement classé, et le tout est éclairé par une haute intelligence. Le
professeur Hyslop occupe à juste titre une place éminente parmi les penseurs
des États-Unis. Outre ses cours, il donne de nombreuses conférences très
suivies.

Le rapport qu'il vient de publier est attendu depuis longtemps. Comme c'est
un homme de marque et qu'il s'est longtemps occupé de recherches
psychiques, les journalistes curieux d'outre-Atlantique ont vite découvert
qu'il avait expérimenté avec Mme Piper. Il a été interviewé; il fut prudent et
se contenta de recommander aux journalistes d'étudier les rapports
précédents publiés sur le même cas. Mais les journalistes ne se contentent
pas si facilement ; ils doivent satisfaire un maître exigeant dans le public, qui
veut tout savoir, et qui cesserait d'acheter un journal assez simple pour dire :
« J'ai fait tout ce que j'ai pu pour vous renseigner sur ce point, mais j'ai échoué.
". Le public ne veut pas d'une telle honnêteté, même si si un mensonge est
offert, il ne se met pas en colère ; en premier lieu, parce qu'à l'heure actuelle
il ne reconnaît pas le mensonge, et en second lieu, parce qu'au moment où il
le découvre, il est occupé à autre chose. Ainsi, comme ils doivent vivre, les
journalistes se voient parfois obligés d'inventer. Les journalistes ont donc mis
dans la bouche du professeur Hyslop les mots sensationnels suivants : « Dans
un an, je pourrai démontrer scientifiquement l'immortalité de l'âme. » Ces
mots furent reproduits par la plupart des journaux américains et par un grand
nombre de journaux anglais. Les publications spécialisées en France les
commentent à leur tour. On comprendra avec quel empressement ce rapport
était attendu depuis lors par tous les hommes intéressés aux études

psychiques. Ils n'ont pas été déçus. Le professeur Hyslop est trop modeste pour une prétention aussi illimitée ; il sait que le grand problème ne sera pas résolu d'un seul coup, ni par un seul homme. "Je ne prétends pas", dit-il, "démontrer scientifiquement quoi que ce soit, pas même les faits que je propose". Cette phrase ne ressemble en rien à la déclaration qu'il a mise dans la bouche. Mais s'il n'a pas prouvé définitivement et scientifiquement l'immortalité de l'âme, il a abordé le problème de très près et a jeté une lumière vive sur plus d'un point. En tout cas, les journalistes en ont fait une grande publicité, peut-être sans le vouloir.

En parlant de journalistes, je dois raconter un autre incident tout à fait récent, qui nous intéresse car il concerne Mme Piper personnellement. L'un des rédacteurs du *New York Herald* interviewa Mme Piper et, le 20 octobre 1901, publia un article quelque peu spécieusement intitulé « Les confessions de Mme Leonora Piper ». Dans cet article, il était indiqué que Mme Piper avait l'intention d'abandonner le travail qu'elle effectuait pour le SPR afin de se consacrer à d'autres activités plus agréables, que c'était en raison de son propre désir de comprendre les phénomènes qu'elle avait d'abord a laissé étudier ses transes et s'est remise entre les mains d'hommes de science, étant entendu qu'elle devrait se soumettre à tous les tests qu'ils choisiraient d'appliquer, et qu'aujourd'hui, après quatorze ans de travail, le sujet n'étant pas encore éclairci, elle ne se sentait pas enclin à mener une enquête plus approfondie. Sa propre vision des phénomènes était exprimée dans cet article comme suit : « La théorie de la télépathie me séduit fortement comme étant la solution la plus plausible et la plus authentiquement scientifique du problème.... Je ne crois pas que les esprits des morts aient parlé à travers moi quand j'étais en état de transe... Il se peut qu'ils l'aient fait, mais je ne l'affirme pas... Je n'ai jamais entendu parler de quoi que ce soit dit par moi-même pendant une transe qui n'aurait pas pu être latent dans mon état de transe. mon propre esprit ou dans l'esprit de la personne en charge de la séance, ou dans l'esprit de la personne essayant d'entrer en communication avec quelqu'un dans un autre état d'existence, ou d'un compagnon présent avec une telle personne, ou dans l'esprit d'une personne absente vivant ailleurs dans le monde.

Dans le *Boston Advertiser* du 25 octobre 1901, parut une déclaration dictée par Mme Piper à un représentant du journal, disant qu'elle n'avait fait aucune déclaration semblable à celle publiée dans *le New York Herald* selon laquelle "les esprits des défunts ne la contrôlez pas", et plus tard dans le *Boston Journal* du 29 octobre 1901, parut un compte rendu d'entretiens avec le Dr Hodgson et Mme Piper, dans lequel Mme Piper déclarait que même si elle avait dit "quelque chose à l'effet qu'"elle" ne tiendrait jamais une autre séance avec M. Hodgson », et qu'elle « mourrait la première » à un journaliste *du New York Herald* l'été précédent, lorsqu'elle avait donné l'interview originale, elle avait désormais l'intention, indépendamment de tout ce qui aurait pu être dit, de continuer avec l'accord actuel avec le Dr Hodgson et la Société comme auparavant. Elle soutenait et exprimait toujours l'opinion que les manifestations ne sont pas spiritualistes et estime que la théorie télépathique est plus probable que l'hypothèse spiritualiste.

On verra que dans aucun de ces rapports, l'utilisation quelque peu sensationnelle du mot « Confessions » dans l'article original ne trouve aucune justification. Mme Piper n'a fait aucune déclaration, comme l'emploi de ce mot le suggère, concernant la source de ses connaissances ; elle a exprimé sa préférence pour l'une des deux explications hypothétiques de l'origine de cette connaissance. Aucune question n'était soulevée dans l'article original quant à l'honnêteté de Mme Piper ou quant à l'authenticité de ses phénomènes de transe ; au contraire, elle est présentée par le journaliste du *New York Herald* comme ayant une vision de ces phénomènes qui affirme qu'ils ne sont pas frauduleux. Elle exprime sa préférence personnelle pour l'hypothèse télépathique plutôt que pour l'hypothèse spiritualiste comme explication ; sur ce point, il faut rappeler que le médium n'est pas dans une position plus favorable pour se forger une opinion que ceux qui sont assis avec lui, puisqu'il ne se souvient pas de ce qui se passe pendant qu'il est en transe et qu'il dépend donc, pour sa connaissance, du rapports des gardiens.

L'allégation du *New York Herald* quant à son intention d'interrompre les séances n'était pas fondée ; après une suspension de quelques mois en raison de son état de santé, elle donna une séance au Dr Hodgson le 21 octobre, le lendemain de la parution de l'article du *Herald* , et il fut alors convenu de reprendre les séances après un nouvel intervalle de trois mois. mois. Cela a été fait, et Mme Piper a donné des séances au Dr Hodgson tout au long du printemps de l'année dernière, et elle le fait encore tout au long de l'hiver 1902-1903.

Le lecteur excusera cette digression sur un sujet qui fit sensation à l'époque et qui est intéressant car il éclaire l'attitude de la médium elle-même à l'égard de ses phénomènes de transe.

Pour revenir au rapport du professeur Hyslop.

Le professeur Hyslop n'a informé que sa femme et le Dr Hodgson de son intention de s'entretenir avec Mme Piper. Les jours étaient fixés, non pas avec Mme Piper dans l'état normal, mais avec Imperator, le chef des contrôles actuels, alors qu'elle était en transe. Nous ne devons jamais oublier que Mme Piper n'a aucun souvenir de ce qui se passe pendant la transe. Le nom du professeur Hyslop n'a pas été donné à l'Imperator ; Le Dr Hodgson l'appelait « l'ami quatre fois », parce que le professeur Hyslop avait d'abord demandé quatre séances. Je ne devrais pas appeler cela un pseudonyme transparent.

Le professeur Hyslop avait assisté une fois à une des séances de Mme Piper et son nom avait été prononcé. Même s'il semblait y avoir peu de chances qu'elle le reconnaisse, puisque la séance avait eu lieu six ans auparavant et que le professeur Hyslop ne portait pas alors de barbe comme il le porte aujourd'hui, il a mis un masque alors qu'il se trouvait dans une voiture fermée à un moment donné. distance de la maison de Mme Piper . Il a gardé son masque pendant les deux premières séances, puis la précaution est devenue inutile, car le nom de son père a été prononcé par Mme Piper à la fin de la seconde. Le Dr Hodgson l'a présenté comme M. Smith, nom qui est donné à tous les nouveaux modèles. Le professeur Hyslop ne parlait jamais devant Mme Piper dans son état normal, sauf deux fois pour prononcer des phrases courtes, et il prenait soin de changer de voix autant que possible. Il évitait tout contact avec le médium pendant toute la séance. La plupart des faits ont été obtenus auprès des communicateurs sans interrogatoire préalable. Lorsque le professeur Hyslop était obligé de poser une question, il le faisait de telle manière qu'elle ne contenait aucune suggestion de réponse. Pour éviter que Mme Piper ne le voie pendant la séance, il se tenait toujours derrière son épaule droite, la position la plus facile également pour lire l'écriture.

Mais quand on se rappelle que la tête de Mme Piper est toujours enfouie dans les oreillers pendant la transe, on pensera que c'est une précaution superflue.

Comme je l'ai dit dans le chapitre précédent, Phinuit ne se manifeste plus. C'est ce qui semble maintenant se produire de « l'autre côté ». Rector se place dans la « machine », et c'est lui qui réalise l'écriture automatique. Ce recteur semble avoir eu une grande expérience de ces phénomènes. Le communicateur s'approche du Recteur et lui parle, de toutes les manières que peuvent parler les esprits. Imperator reste à l'extérieur de la « machine », et empêche l'approche de tous ceux susceptibles de la blesser, ou qui n'ont rien à voir avec le gardien. En outre, avant de laisser entrer un communicateur dans la « machine », il lui donne des conseils sur ce qu'il doit faire et l'aide à organiser et à clarifier ses idées. Les deux autres assistants de l'Imperator, le Docteur et Prudens, n'apparaissent que rarement. George Pelham apparaît parfois, lorsque ses services sont nécessaires.

Les communicateurs étaient peu nombreux lors des seize séances du professeur Hyslop. C'étaient son père, Robert Hyslop, qui donna les communications les plus importantes ; son oncle, Carruthers ; son cousin, Robert Harvey MacClellan ; son frère Charles, décédé en 1864, âgé de quatre ans et demi ; sa sœur Annie, décédée également en 1864, âgée de trois ans ; son oncle, James MacClellan ; et enfin, un autre MacClellan nommé John.

Le père du professeur Hyslop, Robert Hyslop, est le communicateur qui occupe la plus grande partie des séances. Mais il ne peut rester longtemps dans la « machine », il se plaint d'avoir les idées confuses, d'étouffer ou de s'affaiblir ; par exemple, il dit : « Je commence à faiblir, James, je m'en vais un instant ; attends-moi. Durant ces absences, l'Imperator envoie à sa place un autre membre de la famille « afin que la lumière ne soit pas gaspillée ». Il semblerait donc que la « faiblesse » dont se plaignent les Esprits ne soit qu'un sentiment qu'ils éprouvent lorsqu'ils ont été en contact avec la « machine » pendant un certain temps ; L'Imperator dit qu'ils sont alors comme un homme malade et délirant. Cela explique les mots de George Pelham : « Vous ne devez pas nous demander simplement ce que nous n'avons pas : la force. » Mais il est indispensable de dire que les anciens communicateurs n'ont pas suffisamment expliqué cette faiblesse ; et ils n'étaient pas assez inspirés pour sortir quand ils le sentaient venir. Le Dr Hodgson, après avoir souvent remarqué ce demi-délire des communicateurs vers la fin d'une séance, lorsque la lumière baissait, réussit enfin à leur suggérer de s'éloigner lorsqu'ils se sentaient faiblir. La possibilité de cette suggestion intéresse ceux qui préfèrent l'hypothèse de la télépathie.

[77] Le rapport du professeur Hyslop est contenu dans *Proc. du SPR* , vol. XVI.

CHAPITRE XIV

Les communications de M. Robert Hyslop—Expressions particulières—
Incidents.

Après avoir lu le rapport du professeur Hyslop, pesé avec lui les moindres
faits, discuté avec lui les arguments pour et contre, on ne peut s'étonner qu'il
ait fini par adhérer à l'hypothèse spiritualiste ; en d'autres termes, on ne peut
pas s'étonner que, malgré ses préjugés antérieurs, il ait fini par s'exclamer : «
J'ai parlé avec mon père, mon frère, mes oncles. Quels que soient les pouvoirs
surnaturels qu'il nous plaise d'attribuer à Mme Les personnalités secondaires
de Piper, il serait difficile de me faire croire que ces personnalités secondaires
auraient ainsi pu reconstituer complètement la personnalité mentale de mes
proches décédés. Admettre cela m'entraînerait dans trop d'invraisemblances
avec lesquelles je préfère croire. mes parents décédés en personne ; c'est plus
simple. C'est la conclusion à laquelle est arrivé le professeur Hyslop, et il
entraîne le lecteur avec lui, malgré lui. Comme on peut l'imaginer, je n'ai pas
la prétention de faire de même dans une esquisse précipitée comme celle-ci.
Ici, comme ce fut le cas pour George Pelham, les incidents cités ne sont que
des exemples choisis parmi un grand nombre ; certains détails importants
desdits incidents peuvent même être accidentellement omis. Si le détail oublié
expose l'incident à quelque grande objection, le lecteur ne devra m'en blâmer
que pour cela et se tourner vers le livre du professeur Hyslop pour lui-même.
[78]

Le père du professeur Hyslop, M. Robert Hyslop, était une personne privée
au sens le plus strict du terme ; il n'a jamais rien fait pour attirer l'attention
du public sur lui ; il n'écrivait pas dans les journaux et ne vivait jamais, ou
presque, en ville. Il est né en 1821 et a vécu dans sa ferme de l'Ohio jusqu'en
1889, date à laquelle il s'est rendu dans un État voisin. Il retourne dans son
ancienne maison en août 1896, atteint d'une sorte de cancer du larynx.
L'ancienne demeure appartenait alors à son beau-frère, James Carruthers, et
il y mourut le 29 du même mois. En 1860, il avait contracté une affection de
la colonne vertébrale, conséquence d'un effort excessif, et celle-ci avait
dégénéré, quelques années plus tard, en ataxie locomotrice ; il perdit peu à
peu l'usage d'une de ses jambes et se servait d'une béquille ; il y eut ensuite
une amélioration, mais il ne put jamais marcher sans bâton. En 1876, il eut
une légère crise d'apoplexie qui affecta son audition, une oreille étant assez
sourde. Trois ans avant sa mort, il eut en outre le malheur de perdre la voix,
probablement à cause d'une paralysie du larynx. Un an avant sa mort, une
nouvelle affliction s'ajouta à toutes les autres ; il pensait que c'était un
catarrhe, mais c'était probablement un cancer du larynx ; et cela
s'accompagnait de spasmes fréquents qui menaçaient sa vie.

Bref, depuis trente-cinq ans au moins, M. Robert

Hyslop était invalide. Sa vie se déroulait nécessairement à l'intérieur, ou du moins dans sa ferme. Cette vie était nécessairement dépourvue d'événements propres à attirer l'attention d'un étranger. Il y avait donc très peu de chances que le médium puisse obtenir des informations le concernant par les moyens normaux. Mais lorsqu'un homme obscur comme M. Robert Hyslop revient de l'Au-delà pour établir son identité en racontant une foule de petits faits, trop légers et sans importance pour avoir été observés en dehors de son cercle intime, un tel homme nous fournit une présomption bien plus forte en faveur de d'une vie future qu'un personnage de la vie publique ne pourrait le faire. Même si ce dernier ne rapportait que des incidents de sa vie privée, il serait plus facile de supposer que le médium a pu se les procurer. Pendant presque toute sa vie, mais principalement au cours des vingt dernières années, les pensées de M. Robert Hyslop tournèrent vers un petit nombre de sujets : sa sollicitude pour sa famille ; l'administration de sa ferme, qui lui donnait beaucoup de soins ; l'accomplissement de ses devoirs religieux, auxquels il n'a jamais failli ; et enfin les événements politiques, qui l'intéressaient beaucoup, parce qu'ils réagissaient naturellement sur ses affaires privées. Aussi la plupart des faits que je citerai appartenaient à l'une ou l'autre de ces quatre catégories de ses préoccupations.

Mais, pour commencer, il sera utile de parler d'un point qui caractérise un individu aussi clairement que ses traits : je veux dire son discours. Chacun de nous a son propre langage, ses expressions familières ; chacun de nous s'exprime à sa manière dans des circonstances données. Quand Buffon disait « le style, c'est l'homme », il exprimait une vérité absolue. Quand quelqu'un nous parle au téléphone, sans donner son nom, nous disons, sans l'ombre d'une hésitation : « C'est un tel. Je le connais à son style. Je répète que tout le monde a cette individualité d'expression ; elle est cependant moins marquée chez les personnes instruites. Mais les hommes peu cultivés utilisent des expressions stéréotypées, surtout lorsqu'ils vieillissent ; le langage de certains d'entre eux est presque entièrement composé d'aphorismes et de proverbes. Si M. Robert Hyslop n'appartenait pas tout à fait à cette classe, il employait pourtant, nous dit son fils, des expressions particulières, et toujours les mêmes dans des cas analogues ; certains d'entre eux lui étaient en effet tout à fait particuliers.

Désormais, lorsqu'il communique par l'intermédiaire de Mme Piper, il utilise le même langage qu'il utilisait de son vivant. Le professeur Hyslop a sans cesse l'occasion de remarquer : « Cette expression ressemble tout à fait à mon père ; il l'aurait utilisée de son vivant dans un tel cas. Il y a même un passage des communications si caractéristique en ce sens qu'il l'est presque trop ; cela suggérerait presque une fraude. Je vais reproduire un de ces passages. [79] "Tais-toi, ne t'inquiète de rien, comme je disais. Cela ne paie pas. Tu n'es pas l'homme le plus fort, tu sais, et la santé est importante pour toi. Rassure-toi maintenant et sois tout à fait toi-même. Rappelez-vous que cela ne paie pas, et que la vie est trop courte là-bas pour que vous la passiez à vous inquiéter de ce que vous ne pouvez pas avoir, contentez-vous de vous en passer, mais ne vous inquiétez pas, et vous n'êtes pas toujours dévoué à moi, et je n'ai rien. me plaindre sauf de votre tempérament inquiet, et cela je vous aiderai certainement.

Lorsqu'un père a répété des centaines de fois dans sa vie le même conseil dans les mêmes termes, et que, après sa mort, il le répète encore par un intermédiaire, il doit certainement être difficile de dire : « Ce n'est pas lui, c'est lui. pas mon père."

J'aimerais bien donner au lecteur le plus grand nombre possible de ces petits faits qui nous convainquent presque malgré nous. Mais il est impossible de le faire sans les entourer des commentaires indispensables pour en faire ressortir toute l'importance. Ainsi, Monsieur Robert avait un cheval nommé Tom, un vieux et fidèle serviteur. Il était devenu trop vieux pour fonctionner, mais il ne voulait pas le tuer. Il l'a mis en pension, pour ainsi dire, et l'a laissé mourir de mort naturelle à la ferme. Lors d'une séance, il demande : « Où est Tom ? et comme James Hyslop ne comprenait pas de quoi il parlait à Tom, le communicateur ajouta : « Tom, le cheval, qu'est-il devenu ?

M. Robert Hyslop écrivait avec des plumes d'oie qu'il taissait lui-même ; il les avait souvent taillés pour son fils James. Il se souvient de ce détail sur les plumes lors d'une des séances.

Il était très chauve et se plaignait d'avoir froid à la tête pendant la nuit. Sa femme lui a confectionné une casquette noire qu'il portait autrefois. Dans une des séances, il parla de cette casquette. James Hyslop, qui était loin de chez lui depuis longtemps, n'avait jamais entendu parler d'une casquette noire. Mais il a écrit à sa belle-mère, qui a corroboré ses dires.

Lors d'une autre séance, le communicateur Robert Hyslop a déclaré qu'il y avait toujours deux bouteilles sur son bureau, une ronde et une carrée. Le professeur Hyslop ignorait ce détail, comme le précédent. Sa belle-mère, interrogée, eut du mal à s'en souvenir, mais son frère s'en souvint aussitôt ; la bouteille ronde contenait de l'encre et la bouteille carrée contenait de la gomme.

Une autre fois, Robert Hyslop demande : « Vous souvenez-vous du canif avec lequel je me suis coupé les ongles ? "Non, père, pas très bien." "Le petit canif au manche marron. Je l'avais dans ma veste et dans la poche de mon manteau. Vous devez certainement vous en souvenir ?" "C'était après que tu sois allé vers l'ouest ?" "Oui." Le professeur Hyslop ignorait l'existence de ce canif. Il a écrit séparément à sa belle-mère, à son frère et à sa sœur, leur demandant si leur père possédait un canif à manche marron avec lequel il se coupait les ongles, sans leur expliquer pourquoi il souhaitait obtenir cette information. Tous les trois ont répondu : "Oui, nous l'avons toujours." Mais il apparaît que M. Robert Hyslop n'a pas gardé le couteau dans les poches de son manteau ou de son gilet, mais dans la poche de son pantalon.

Ces petits faits suffiront à titre d'exemples. Je passerai aux plus importants.

M. Robert Hyslop avait un fils qui lui avait causé beaucoup d'inquiétude toute sa vie. Il avait souvent parlé de ces angoisses à son fils préféré James et était mort en les emportant avec lui dans la tombe. Il en parle à plusieurs reprises pendant les séances, exactement comme il le faisait dans sa vie. « Ne te souviens-tu pas, James, que nous avons souvent parlé de ton frère et des ennuis qu'il nous a causés ? Ne t'en fais plus, tout ira bien maintenant, et si je sais que tu ne t'inquiètes pas, je serai d'accord."

Il se souvient de tous les membres de sa famille et les nomme correctement, à l'exception de deux erreurs étranges dont je parlerai plus tard. Il fait allusion à des incidents de la vie et à des traits de caractère de chacun d'eux. Il leur adresse des expressions d'affection : "Ai-je oublié quelqu'un, James, mon fils ? Je n'aimerais oublier personne." Il demande spécialement des nouvelles de sa plus jeune enfant, Henrietta ; il veut savoir si elle a réussi ses examens, et il se réjouit lorsqu'il apprend que, dans l'ensemble, la vie s'annonce bien pour elle.

M. Robert Hyslop était un calviniste orthodoxe ; il appartenait à la petite secte très stricte des presbytériens associés et refusa de se joindre à l'Église presbytérienne unie en 1858. Il était extrêmement rigide en matière religieuse. Lorsqu'il fit éduquer son fils Jacques, il espérait que celui-ci deviendrait ministre, tout en lui laissant le libre choix. Lorsqu'il a vu son fils modifier ses croyances religieuses, il a été très peiné. Mais peu à peu, il se résigna. Il est aisé de comprendre par tout cela que les préoccupations religieuses étaient au premier plan dans son esprit. Il parlait souvent de religion à sa famille, il lisait la Bible et de nombreux commentaires à son sujet, et parfois, plutôt que de permettre à sa famille d'aller à l'église d'une secte moins orthodoxe, il leur prêchait lui-même chez lui. Par conséquent, s'il n'avait pas fait allusion à son ancienne vie religieuse lors des séances, cette omission aurait pu susciter un grave doute sur son identité. Mais ce n'est pas le cas; il fait constamment allusion à ses anciennes idées religieuses.

Lors d'une des premières séances, il dit par exemple : « Vous souvenez-vous de ce que je ressentais à propos de cette vie ? Eh bien, je n'avais pas tellement tort après tout. J'étais sûr qu'il y aurait une certaine connaissance de cette vie, mais vous étiez douteux, souviens-toi que tu avais tes propres idées, qui n'étaient que les tiens, James.

Cette dernière phrase : « Vous avez vos propres idées », remarque le professeur Hyslop, lui avait souvent été répétée par son père de son vivant. "Il voulait dire que j'étais le seul de ses enfants à être sceptique, et c'était vrai." Les anciennes idées religieuses de Robert Hyslop furent la cause d'un étrange incident. Un jour, le Dr Hodgson lui dit : « Monsieur Hyslop, vous devriez chercher mon père et vous lier d'amitié avec lui. Il avait des idées religieuses comme les vôtres. Je pense que vous vous comprendrez très bien et j'en serais content. Lors d'une séance suivante, le communicateur dit au Dr Hodgson : « J'ai rencontré votre père ; nous avons parlé et nous nous aimions beaucoup, mais il n'était pas très orthodoxe de son vivant. » Le père du Dr Hodgson était en réalité wesleyen, c'est-à-dire qu'il appartenait à une secte très libérale. Mais à un autre endroit, Robert Hyslop ajoute : « L'orthodoxie n'a pas d'importance ici ; j'aurais changé d'avis sur beaucoup de choses si j'avais su. » Dans une autre séance, il dit à son fils, faisant allusion à l'hypothèse télépathique : « Laissez cette théorie de la pensée tranquille. J'ai fait des théories toute ma vie, et à quoi cela m'a-t-il servi ? Cela n'a fait que remplir mon esprit de doutes. Bref, il semble que Robert Hyslop, le calviniste rigide, ait considérablement modifié ses vues depuis qu'il s'est désincarné.

Lors de la dernière visite que le professeur Hyslop rendit à son père, en janvier ou février 1895, une longue conversation eut lieu entre eux sur des sujets religieux et philosophiques. Le professeur Hyslop a parlé de ses études psychiques. La possibilité d'une communication entre les deux mondes a été longuement discutée, et Swedishborg et ses œuvres ont été évoqués. Au cours des séances, Robert Hyslop revient sans cesse sur cette conversation qui l'avait profondément marqué ; beaucoup plus profond qu'on aurait pu s'y attendre, compte tenu de ses opinions religieuses. Il rappelle les points qui ont été discutés successivement par lui et son fils et ajoute : "Tu te souviens que j'ai promis de revenir vers toi après avoir quitté le corps, et depuis j'essaie de trouver une opportunité." Or, aucune promesse de ce type n'avait été faite explicitement. Mais James Hyslop avait écrit à son père sur son lit de mort : « Père, quand tout sera fini, tu essaieras de revenir vers moi. Robert Hyslop dut dès ce moment se résoudre à revenir si possible ; et il a dû croire qu'il l'avait dit à son fils, ce qui n'était pas le cas.

Lorsqu'il vivait dans l'Ohio, M. Robert Hyslop avait un voisin nommé Samuel Cooper. Un jour, les chiens de Cooper tuèrent des moutons appartenant à Robert Hyslop. S'ensuit une rupture qui dure plusieurs années. Lors d'une des séances au cours desquelles le Dr Hodgson représentait le professeur Hyslop, il posa une question que celui-ci lui avait adressée par écrit. Le professeur Hyslop espérait que cette question attirerait l'attention de son père sur les incidents de sa vie dans l'Ohio. La question était : « Vous souvenez-vous de Samuel Cooper et pouvez-vous dire quelque chose à son sujet ? » Le communicateur a répondu: "James fait référence au vieil ami que j'avais en Occident. Je me souviens bien des visites que nous nous faisions et des longues discussions que nous avions sur des sujets philosophiques." Lors d'une autre séance, alors que le Dr Hodgson se retrouvait seul, il revint à la même idée. "J'avais un ami nommé Cooper qui avait un esprit philosophique et pour qui j'avais un grand respect, avec qui j'ai eu des discussions et une correspondance amicales. J'ai eu certaines de ses lettres... vous les trouverez." Une autre fois, alors que le professeur Hyslop était présent, il a déclaré : « J'essaie de me souvenir de l'école de Cooper. » Le lendemain, il revient sur le sujet : « Vous m'avez demandé, James, ce que je savais de Cooper. Pensiez-vous que je n'étais plus son ami ? J'avais gardé certaines de ses lettres ; et je pense qu'elles étaient avec vous. Dans tout cela, il n'y avait aucune trace de Samuel Cooper, et le professeur Hyslop ne savait que penser. Il posa donc une question directe afin de ramener son père au point qu'il avait en tête. « Je voulais savoir si vous vous souveniez de quelque chose à propos des chiens tuant des moutons ? "Oh, je devrais le penser... mais j'avais tout oublié. C'est de cela que nous avions discuté... Oui, très bien, James, mais pourquoi tu m'as demandé ça, je ne pouvais pas vraiment le faire." faites comme s'il n'était pas un de mes proches... si j'avais pu me souvenir de ce que vous vouliez dire, j'aurais essayé de vous dire qu'il est ici, mais je le vois rarement. Cet épisode est intéressant. Tout ce que Robert Hyslop a dit au début à propos de Cooper n'a rien à voir avec Samuel Cooper, mais est tout à fait vrai à propos d'un de ses vieux amis, le Dr Joseph Cooper. Robert Hyslop avait en effet eu de nombreuses discussions philosophiques avec lui, et ils avaient correspondu. Le professeur Hyslop avait peut-être entendu son nom, mais ne savait pas qu'il s'agissait d'un vieil ami de son père. C'est sa belle-mère qui le lui a dit, au cours d'une enquête qu'il faisait auprès de ses proches pour éclaircir des incidents douteux survenus dans les séances. Nous voyons que les êtres désincarnés sont capables de se méprendre aussi bien que nous-mêmes.

Mais voici l'incident le plus dramatique. Le professeur Hyslop, se rappelant que son père avait cru à sa dernière maladie un catarrhe, alors que lui-même croyait qu'il s'agissait d'un cancer du larynx, a posé au communicateur une question visant à évoquer le mot « catarrhe ». Il a demandé : « Savez-vous quel était le problème lorsque vous vous êtes évanoui ? Le double sens du mot « trouble » a provoqué un curieux malentendu, que l'hypothèse télépathique aura du mal à expliquer.

Le communicateur répondit avec détresse : « Non, je n'avais pas réalisé que nous avions jamais eu le moindre problème, James. Je pensais que nous étions toujours très sympathiques l'un envers l'autre. Je ne me souviens d'aucun problème, dites-moi de quoi il s'agissait ? tu ne veux pas dire avec moi, n'est-ce pas ? "Père, tu me comprends mal. Je veux dire avec la maladie." "Oh, oui, j'entends, je sais maintenant. Oui, mon estomac." "Oui, y avait-il

autre chose ?" "Oui, l'estomac, le foie et la tête, c'est difficile de respirer. Mon
cœur, James, m'a fait souffrir. Ne te souviens-tu pas à quel point j'avais du
mal à respirer ? Je pense que c'est mon cœur qui m'a fait le plus souffrir, mon
cœur. et mes poumons. Une oppression dans la poitrine, mon cœur m'a fait
défaut, mais finalement je me suis endormi. Un peu plus loin, il dit : « Tu sais,
la dernière chose dont je me souviens, c'est que tu m'as parlé. Et tu as été le
dernier à le faire. Je me souviens avoir vu ton visage ; mais j'étais trop faible
pour répondre.

Ce dialogue déconcerta d'abord le professeur Hyslop. Il avait essayé de faire
dire à son père le nom de la maladie dont celui-ci croyait souffrir : le catarrhe.
Ce n'est qu'en relisant les notes de la séance, un peu plus tard, qu'il s'aperçut
tout d'un coup que son père avait décrit les dernières heures de sa vie dans
les termes qui lui étaient habituels. Le professeur Hyslop s'était encore
trompé. Le médecin avait remarqué une douleur à l'estomac à 7 heures du
matin. L'activité cardiaque commença à décliner à 9h30 ; cela fut bientôt suivi
de terribles difficultés respiratoires, et la mort suivit. Lorsque les paupières
de son père tombèrent, James Hyslop dit : « Il est parti », et il fut le dernier à
parler. Ce dernier incident semble indiquer que la conscience chez le mourant
dure beaucoup plus longtemps qu'on ne le croit.

Peu de temps après, le professeur Hyslop demanda à son père s'il se
souvenait d'un médicament spécial qu'il lui avait envoyé de New York. Le
communicateur eut beaucoup de mal à se souvenir du nom très étrange de
ce médicament, mais finit par le donner, bien qu'il soit mal orthographié.

Au cours des quinze premières séances, le professeur Hyslop a posé le moins
de questions possible et, lorsqu'il a été obligé de le faire, il les a formulées de
manière à ce qu'elles ne contiennent pas de réponse. Mais à la 16e séance, il
abandonna intentionnellement cette réserve. Il souhaitait voir quel serait le
résultat s'il prenait avec le communicateur le même ton qu'avec un ami en
chair et en os. Le professeur Hyslop dit : « Le résultat a été que j'ai parlé avec
mon père désincarné avec autant de facilité que si je parlais avec lui vivant,
par téléphone. Nous nous sommes compris au premier coup d'oeil, comme
dans une conversation ordinaire. On parla de tout : d'une clôture que Robert
Hyslop songeait à réparer lorsqu'il mourut ; des impôts qu'il avait laissés
impayés ; des soins que lui avaient causés deux de ses enfants, dont l'un ne
lui avait jamais donné beaucoup de satisfaction, tandis que l'autre était
invalide ; de l'élection du président M'Kinley et de bien d'autres choses.

Peut-on dire qu'il n'y a pas eu de déclarations inexactes faites par le
communicateur au cours de toutes ces séances ? Il y en a, mais très peu. J'en
parlerai dans le chapitre suivant. En tout cas, il n'y a aucune trace d'un seul
mensonge intentionnel au cours des seize séances.

[78] *Proc. du SPR* , vol. XVI. Dans ce qui suit, nous ne tentons pas de donner les paroles réelles des communicateurs du professeur Hyslop. *Trans.*

[79] *Proc. du SPR* , vol. XVI. p. 40.

CHAPITRE XV

L'« influence » encore. — Autres incidents — Statistiques.

Je dois ici revenir sur un fait qui surprend quelle que soit l'hypothèse que l'on préférera : l'utilité de présenter au médium des objets ayant appartenu à celui dont on souhaite obtenir les communications supposées. Phinuit disait qu'il retrouvait « l'influence » des morts sur ces objets, et cette « influence » était d'autant plus forte que l'objet avait été porté ou porté longtemps, et s'il était passé entre peu de mains ; les différentes « influences » successives semblent s'affaiblir les unes les autres. J'ai dit que nous ignorons totalement la nature de cette « influence », mais j'ai aussi dit qu'il n'est pas improbable qu'elle consiste en des vibrations laissées par nos pensées et nos sentiments sur les objets matériels. Quoi qu'il en soit, Phinuit semblait lire cette « influence » et en tirer la plus grande partie des informations qu'il donnait. D'une manière générale, malgré ses affirmations contraires, il ne semblait pas du tout être en relation directe avec les communicateurs. Depuis la disparition du *régime Phinuit* et l'apparition de celui d'Imperator, la présentation de petits objets est toujours d'actualité ; mais il faut remarquer qu'elle n'a jamais été indispensable, et que les communicateurs apparaissent souvent sans avoir été attirés par aucune « influence ». Mais dans le système actuel, les informations reçues semblent être beaucoup moins lues sous l'angle de « l'influence » ; il y a beaucoup plus de sens de la présence réelle des communicateurs. À quoi servent alors les petits objets donnés au médium ? Ni les contrôleurs ni les communicants ne se sont expliqués, ce qui est dommage. Dans le nouveau système géré par Imperator et ses collaborateurs, de tels petits articles semblent surtout utiles pour « retenir » le communicateur, pour l'empêcher de s'éloigner et pour maintenir une certaine cohésion dans ses pensées. Le recteur ne cesse de répéter : « Donnez-moi de quoi le garder et lui éclaircir les idées ». Le communicateur aurait apparemment besoin d'un *point de repère* pour rester à l'endroit désiré, et ce *point de repère* lui serait fourni par quelque objet dont il a souvent utilisé l'« influence » laissée sur laquelle il semble percevoir plus clairement qu'autre chose. autre. Selon George Pelham, nous pouvons également supposer que le communicateur perçoit d'une manière ou d'une autre l'esprit de celui qui l'écoute, mais cet esprit est emprisonné dans la matière et grandement obscurci par elle ; le communicateur ne reconnaît l'esprit du sujet que lorsqu'il fonctionne activement, si je puis m'exprimer ainsi ; quand le sujet pense et, surtout, pense au communicateur. C'est pourquoi, lorsque le communicateur s'aperçoit que ses idées se confondent, il dit constamment avec reproche au modèle : "Oh ! pourquoi ne parles-tu pas ? Dis-moi quelque chose, aide-moi. Tu veux que je travaille pour toi, mais tu ne feras rien pour moi. Le cousin décédé du professeur

Hyslop, Robert MacClellan, lui dit par exemple : « Parle-moi, pour l'amour du ciel. Aide-moi à te joindre. Les passages analogues sont très nombreux.

Je reviens au rapport du professeur Hyslop. Le communicateur le plus important après son père pendant les séances était son oncle Carruthers, dont le nom, cependant, était toujours mutilé par Rector et donné comme *Clarke* ou *Charles* . Cet oncle était mort vingt jours seulement avant la première séance. [80] Lors de sa première communication, il s'enquiert anxieusement de sa femme Eliza, la sœur de Robert Hyslop, que sa mort avait laissée désolée. "C'est moi, James", dit-il à l'enquêteur. "Donne mon amour à Eliza ; dis-lui de ne pas se décourager, elle ira mieux bientôt. Je la vois souvent désespérée." Le professeur Hyslop demande : « Savez-vous pourquoi elle est en deuil ? "Oui, parce que je l'ai quittée ; mais je ne l'ai pas vraiment quittée. J'aimerais pouvoir vous dire tout ce que je voudrais... vous ne penseriez pas que je suis complètement parti. Voulez-vous la réconforter ? Elle ne devrait pas rester seule ". "Oui, je vais la réconforter." "Je suis si heureux!" A cette époque, le professeur Hyslop ne devinait pas que sa tante était si seule et si profondément désespérée. Il ne l'a découvert qu'après enquête.

Je citerai un autre incident des communications de « l'oncle Carruthers », parce qu'en raison de son cachet de réalisme éclatant, c'est un de ceux que l'hypothèse télépathique n'explique pas de manière satisfaisante. M. Carruthers perçoit soudain la présence du Dr Hodgson et dit : « Vous n'êtes pas le fils de Robert Hyslop, n'est-ce pas ? Vous n'êtes pas George. [81] Le Dr Hodgson répond : « Non, je ne suis pas George. » "Non, James, je vous connais très bien, mais celui-ci" (s'adressant à nouveau au Dr Hodgson), "Connaissiez-vous les garçons ? Me connaissiez-vous ?"

Je ne citerai encore qu'un incident de ces intéressantes séances. Le communicateur est cette fois le frère du professeur Hyslop, Charles, décédé en 1864 à l'âge de quatre ans et demi. Le dernier enfant de Robert Hyslop était né longtemps après la mort de Charles. "James, je suis ton frère Charles. Je suis heureux. Donne mon amour à ma nouvelle sœur Henrietta. Dis-lui que je la connaîtrai un jour. Notre père parle souvent d'elle." Un peu plus loin vient cette curieuse phrase : « Notre père aimerait beaucoup que vous ayez ses photos, *si vous êtes toujours dans le corps, James* .

J'ai dit qu'il y avait quelques déclarations inexactes, mais elles sont très peu nombreuses. J'en citerai deux concernant les noms propres.

Le nom de famille « Oncle Carruthers » n'a jamais pu être donné correctement. Il s'appelait toujours Oncle Charles ou Clarke. L'erreur est probablement imputable à Rector, à qui le nom de Carruthers n'était pas familier.

L'autre erreur est encore plus étrange, même si elle peut aussi être attribuée au recteur. La deuxième épouse de Robert Hyslop s'appelait Margaret, familièrement appelée Maggie. Or, même s'il était impossible de se méprendre lorsque Robert Hyslop parlait de sa femme, ce nom de Maggie n'était jamais venu correctement. Le professeur Hyslop attendit longtemps sans rectifier l'erreur ; il a attendu que le communicateur s'en aperçoive et le corrige lui-même, mais cette correction spontanée ne s'est pas faite. Il voulut enfin que l'affaire soit éclaircie, et le Dr Hodgson expliqua que le nom de la belle-mère du professeur Hyslop n'avait pas été donné. Le recteur, ne comprenant pas, céda sa place à George Pelham, qui commença par gronder assez vivement les assistants. "Eh bien, pourquoi ne viens-tu pas dire : Donne-moi le nom de ma belle-mère, et ne le confonds pas à propos de quoi que ce soit, sauf de ce que tu veux vraiment ? Par Jupiter ! Je me souviens à quel point tu m'as confondu, et je n'en veux plus. je vais le découvrir, et si votre belle-mère a un nom, vous l'aurez. George Pelham sortit de la « machine » et revint peu après en disant : « Je ne vois aucune raison de m'inquiéter au sujet de *Margaret* . » Margaret était bien le nom demandé, mais on aurait pu s'attendre à l'obtenir sous sa forme la plus habituelle, Maggie. Pourtant, il est facile de comprendre que Robert Hyslop n'aurait pas dû donner le nom familier de son épouse à un inconnu comme George Pelham.

Pendant que le professeur Hyslop préparait son rapport, plusieurs de ses amis qui connaissaient ses recherches lui demandèrent quelle proportion de vérité et d'erreur il avait rencontré dans ces manifestations. Cette question fréquemment répétée lui suggéra l'idée de faire des tableaux dans lesquels cette proportion devrait être indiquée d'un seul coup d'œil. Ce genre de statistiques serait important pour la classe de personnes qui se croient plus fortes que les autres et qui vous disent : « Je ne crois qu'à l'éloquence des chiffres ». Ces gens-là ne réalisent pas que les bataillons de personnages sont comme des bataillons d'hommes, pas toujours aussi forts qu'on le suppose.

Cependant, le professeur Hyslop a pris tous les « incidents » ou déclarations faites par les communicateurs et les a classés selon le degré de vérité ou d'erreur qu'ils contenaient. Il a ensuite divisé les incidents en facteurs. Je donnerai un exemple qui m'aidera à définir plus tard ce que le professeur Hyslop entend par *incident* et *facteur* [82] : "Ma tante Susan a rendu visite à mon frère". Il s'agit d'un incident ou d'une déclaration d'un fait complet. Cet incident est composé de quatre facteurs qui ne sont pas nécessairement liés les uns aux autres. La première est *ma tante* , la seconde le nom *Susan* , la troisième la *visite* , la quatrième *mon frère* . Un incident peut donc être défini comme un nom, une conception ou une combinaison de conceptions formant un fait indépendant ; il peut s'agir encore d'une combinaison de faits éventuellement indépendants formant un tout unique dans l'esprit du communicateur. Les facteurs seraient les faits, les noms, les actions ou les événements qui ne se suggèrent pas nécessairement les uns les autres, ou qui ne sont pas nécessairement suggérés par un nom ou un fait donné.

Naturellement, dans les tableaux construits sur cette base, les faits ne peuvent être classés selon leur importance comme *preuves* ; ils ne peuvent être considérés que comme vrais ou faux. Ainsi des incidents qui n'ont qu'une valeur de preuve restreinte sont au niveau d'autres qui sont en eux-mêmes très précieux comme preuves. C'est vraiment le point faible de ces statistiques. Les preuves doivent être examinées une par une et non dans leur ensemble.

Cependant, les tables ont un avantage ; le plus sceptique, après y avoir jeté un coup d'œil, ne peut plus invoquer le hasard, le grand *Deus ex machinâ* des ignorants et des indolents.

Le professeur Hyslop a construit un tableau pour chaque séance et un tableau de l'ensemble des séances. Je ne peux pas reproduire ces tableaux pour les lecteurs, qui auraient besoin des notes des séances pour les comprendre. Je ne donnerai que les résultats définitifs.

Ainsi, sur 205 incidents, 152 sont classés comme vrais, 37 comme indéterminés et seulement 16 comme faux. Sur les 927 facteurs composant ces incidents, 717 sont classés comme vrais, 167 comme indéterminés et 43 comme faux. [83]

Il faut dire que le professeur Hyslop a peut-être surestimé le nombre d'incidents faux et invérifiables. De nombreux incidents ou facteurs classés comme faux ou invérifiables se sont ensuite révélés exacts. Et d'ailleurs, les incidents de nature transcendantale et par conséquent invérifiable auraient pu être omis de ces tableaux. Mais dans ce cas encore, il a été jugé préférable de faire jouer pleinement les faits faux et douteux. Le lecteur doit tirer de ces résultats la conclusion qui lui semble la plus juste.

[80] *Voir* le rapport du professeur Hyslop, *Proc. du SPR*, vol. XVI. p. 90, etc., pour « Carruthers ».

[81] Nom d'un des frères du professeur Hyslop.

[82] *Proc. du SPR*, vol. XVI. p. 115.

[83] *Proc. du SPR*, vol. XVI. p. 121.

CHAPITRE XVI

Examen de l'hypothèse télépathique. — Quelques arguments qui rendent
son acceptation difficile.

J'ai évoqué en passant ce qu'il faut entendre par le mot *télépathie* . Je répéterai
mon explication ; il est nécessaire que le lecteur l'ait bien présent à l'esprit,
car dans ce chapitre je vais examiner l'hypothèse télépathique et essayer de
savoir si elle couvrira les faits que nous étudions. Par télépathie, on entend
ici non seulement le pouvoir d'obtenir des informations de la conscience et
du subconscient des sujets de la part des personnalités secondaires de Mme
Piper, mais aussi leur pouvoir de lire la conscience et le subconscient de
personnes quelque part ou n'importe où ailleurs sur terre. , peu importe où,
la distance n'augmente en rien la difficulté de cette lecture. Il s'agit là
évidemment d'une hypothèse vaste et d'une portée considérable, et pourtant,
si nous rejetons l'hypothèse spiritualiste, il n'en existe pas d'autre qui puisse
couvrir tous les faits.

Les arguments suivants brièvement indiqués ici sont, avec d'autres,
longuement développés dans le livre du professeur Hyslop. Je ne reviendrai
pas sur celles que les circonstances ont nécessité d'exposer avec
suffisamment de clarté auparavant au cours de cet ouvrage.

Pour commencer, quelle est l'origine de cette hypothèse télépathique ? Est-
elle justifiée par des faits d'observation expérimentale ou spontanée chez les
psychologues ? Certainement pas; si l'on ne comptait que les expériences et
les observations de la psychologie officielle, l'hypothèse de la télépathie, telle
que nous l'entendons, serait presque infondée. Cette hypothèse est en réalité
fondée sur notre ignorance ; nous pouvons l'admettre temporairement, parce
que nous ignorons les pouvoirs latents de l'esprit humain, et parce que nous
avons toutes les raisons de croire que ces pouvoirs latents sont grands et
nombreux. Je pense que la première utilisation à grande échelle en a été faite
dans le célèbre livre de Gurney, Myers et Podmore, *Phantasms of the Living* .
L'hypothèse télépathique pourrait très bien être admise comme explication
des faits rapportés dans ce livre, bien que l'hypothèse spiritualiste les
expliquerait également, voire mieux. Mais lorsque l'on considère d'autres
faits, comme par exemple celui de la transe de Mme Piper, l'hypothèse
télépathique, pour les expliquer, doit être étendue au-delà des limites
autorisées.

En premier lieu, en ce qui concerne la lecture de la conscience des personnes
présentes, il semblerait que, s'il s'agissait de télépathie, le soi-disant
communicateur devrait généralement faire ressortir les faits auxquels les
participants ont pensé le plus intensément. Mais cela n'arrive presque jamais
; lors des séances du professeur Hyslop, cela n'arrive jamais. Certes, de

nombreux incidents relatés étaient dans la conscience des participants, mais ces derniers n'y pensaient pas jusqu'à ce que le communicateur les rappelle.

De même, s'il s'agissait de télépathie, il faut supposer que les communicateurs seraient les personnes attendues par les participants. Or, c'est loin d'être le cas. Au cours des quinze années pendant lesquelles la médiumnité de Mme Piper a été étudiée, sont apparus un grand nombre de communicateurs auxquels personne ne pensait. Le professeur Hyslop, entre autres, affirme avoir rencontré plusieurs communicateurs auxquels il ne s'attendait pas du tout. D'autres qu'il attendait ne parurent pas. C'est un fait digne de remarque que, dans les séances du professeur Hyslop, ne figuraient que les personnes capables de dire quelque chose de nature à prouver leur identité ; les autres semblent avoir été systématiquement mis de côté par Imperator, même lorsque les informations les concernant étaient abondantes dans la conscience et le subconscient du modèle.

Il semblerait que, s'il s'agissait de télépathie, les soi-disant communicateurs exprimeraient plus facilement les idées les plus lointaines de l'esprit des participants ; les idées les plus proches et les plus vives doivent apparaître les premières. Or, c'est loin d'être le cas. Il semble que cela ne fasse aucune différence pour celui qui communique, que l'idée soit familière ou non à l'esprit des vivants.

Lorsqu'il s'agit de faits entièrement inconnus des participants et connus seulement des personnes vivant à une grande distance, on peut s'attendre à ce que cette distance affecte la lecture télépathique des pensées ; rien dans la nature ne nous autorise à négliger cette loi de la distance. Nous ne pouvons concevoir le processus télépathique que comme une propulsion d'ondes à travers l'espace ; ces vagues devraient diminuer avec la distance ; le contraire est absolument inconcevable. Or, cela n'arrive pas ; si le fait n'existe que dans la conscience d'une personne qui se trouve à ce moment-là aux extrémités de la terre, cela ne fait aucune différence dans la précision des détails. Si l'on devait faire une analogie entre la télépathie — telle qu'il faut la concevoir pour expliquer les phénomènes — et la télégraphie sans fil, Mme Piper en transe doit être considérée comme un simple cohérent des ondes télépathiques. Mais cette analogie est inexistante ; la télégraphie sans fil est loin d'être insensible à la distance, et d'ailleurs, lorsque le cohéreur fonctionne, c'est parce qu'un autre instrument émet des ondes particulières. Lorsqu'un fait connu seulement d'une personne distante est rapporté, comme dans les phénomènes de Mme Piper, il arrive rarement que la personne distante pense activement à ce fait qui passe inaperçu dans les couches les plus basses de sa conscience. Lorsque l'expérimentateur fait ses recherches à la fin de la séance, il s'avère souvent qu'un effort déterminé de la part de la personne absente est nécessaire avant que le fait ne soit rappelé à la mémoire.

Il serait bon de réfléchir avant d'accorder à la télépathie un pouvoir d'omniscience, indépendant de toutes les lois connues.

Un autre fait bien observé, opposé à la théorie télépathique, est la sélection faite parmi les incidents par le communicateur. S'il s'agissait de télépathie, les personnalités secondaires du médium se tromperaient parfois, feraient des gaffes, enregistreraient des faits que le soi-disant communicateur n'aurait jamais pu connaître, mais que seul le modèle connaît bien. Maintenant, cela n'arrive jamais. Les faits rapportés sont toujours communs à au moins deux consciences, celle du communicateur et celle du assis, ou celle du communicateur et celle d'une personne distante. Les inexactitudes ne prouvent rien contre cet argument ; s'il s'agit de mensonges délibérés, ils prouvent simplement que le communicateur est un menteur, et non qu'il est une personnalité secondaire de Mme Piper. Si les faits rapportés sont invérifiables, cela ne prouve pas qu'ils soient inexacts.

Si la théorie télépathique exprime la vérité, il faut accorder un pouvoir presque infini à la télépathie. Cette supposition est indispensable pour rendre compte des faits. Alors comment comprendre les erreurs et les confusions des communicateurs ? Comment un pouvoir infini peut-il parfois paraître si limité, si fini, alors que les conditions restent inchangées ? En revanche, les oublis et les confusions sont tout à fait explicables sur la théorie spiritualiste ; on ne peut raisonnablement penser qu'un changement aussi important que la mort n'induise pas quelque trouble de l'esprit, au moins temporairement, ou n'affaiblisse pas beaucoup certains groupes de souvenirs qui, dans le nouvel environnement, n'ont plus d'utilité pratique.

Le changement de communicateur a toujours été fréquent, mais il l'était particulièrement lors des séances du professeur Hyslop. M. Robert Hyslop dit constamment à son fils : "James, je m'affaiblis ; attends-moi, je reviens." Et puis un autre communicateur apparaît sur place. L'hypothèse télépathique ne peut pas expliquer ce fait ; il semblerait tout naturel que le communicateur soit toujours le même. Pour l'expliquer, il faut ajouter à l'hypothèse télépathique une autre hypothèse, celle d'une suggestion de la part du modèle. Mais l'hypothèse spiritualiste, en revanche, l'explique parfaitement, même si l'on peut être obligé de compter avec les complications que peut introduire l'aveu de l'existence d'un autre monde.

L'existence de soi-disant intermédiaires entre le sujet et le communicateur est un autre fait qui ne cadre pas avec la théorie télépathique. Autrefois, Phinuit était l'intermédiaire le plus courant ; puis George Pelham collabora avec lui ; dans les séances du professeur Hyslop, et, je crois, dans toutes les séances ultérieures depuis l'installation du *régime Imperator* , l'intermédiaire est le Recteur. C'est lui qui préside au fonctionnement de la « machine », parce qu'il est particulièrement compétent, disent les communicateurs. Ces intermédiaires ont des caractères très définis et réalistes. Phinuit, George Pelham et Rector sont aussi différents que possible. Qu'est-ce qui, dans l'hypothèse télépathique, a eu le pouvoir de les créer ? Les personnalités secondaires de Mme Piper auraient dû incarner le communicateur sans intermédiaire. Pour comprendre cette reconstitution éphémère d'une conscience à jamais disparue, il faudrait admettre que les éléments épars de cette conscience s'étaient temporairement regroupés autour du *point de repère* formé par la personnalité secondaire de Mme Piper. Il faut alors voir combien il est difficile d'expliquer la présence de ces intermédiaires. Mais si, en revanche, nous acceptons l'hypothèse spiritualiste comme fondée, nous devons admettre que ces intermédiaires expliquent leur présence de manière très plausible.

Voici un autre argument, qui me semble très fort, contre l'hypothèse de la télépathie. Les sujets en état hypnotique, et les personnalités secondaires qui apparaissent dans cet état hypnotique, d'après les expériences précises et décisives faites par la science moderne, ont une notion extrêmement définie du temps. Si vous dites à un sujet hypnotisé d'accomplir une action dans un an, à telle heure et telle minute, il n'échouera jamais, pour ainsi dire, bien qu'à son réveil il ne reste dans sa mémoire aucune trace de l'ordre. Or les communicateurs, dans les phénomènes que nous étudions, ont une notion du temps extrêmement vague, car, disent-ils, le temps n'est pas une conception du monde dans lequel ils vivent. Comment se fait-il que la télépathie, qui peut tant de choses, s'avoue incapable, ou presque, de déterminer le moment où une action a été accomplie ? Qu'est-ce qui l'empêche de lire l'idée de temps, comme toute autre idée, dans l'esprit des personnes présentes, puisque la notion de temps est chez elles au moins aussi claire et précise que toute autre notion ?

Pour conclure, je dois dire que nous ignorons totalement le point où commencent et où finissent les pouvoirs de la télépathie. Ce que je viens de dire rend l'hypothèse télépathique improbable ; mais, comme le disait Boileau il y a longtemps : « Le vrai peut quelque fois n'être pas vraisemblable » : la vérité peut parfois être improbable.

CHAPITRE XVII

Quelques considérations qui soutiennent fortement l'hypothèse spiritualiste
— La conscience et le caractère restent inchangés — Jeu dramatique —
Erreurs et confusions.

L'unité de caractère et de conscience chez les communicateurs est l'une des raisons qui soutiennent le plus fortement l'hypothèse spiritualiste. S'il s'agissait des personnalités secondaires de Mme Piper, la première difficulté résiderait dans leur grand nombre. Je ne connais pas le nombre exact de communicateurs qui ont affirmé leur apparence par le biais de son organisme. Mais on en trouve plusieurs centaines dans les Rapports de la Société de Recherches Psychiques, et ils sont certainement loin d'être tous mentionnés. Or chaque communicateur a gardé partout le même caractère, à tel point qu'avec un peu de pratique, il est possible de reconnaître le communicateur à la première phrase qu'il prononce, s'il a déjà communiqué. Certains communicateurs n'apparaissent qu'à de longs intervalles, mais ils restent néanmoins inchangés. Mais, dans l'hypothèse télépathique, il n'est pas facile de comprendre qu'un soi-disant communicateur, une conscience simplement éphémère reconstituée à partir des souvenirs épars des participants, ne soit ainsi reconstituée qu'à de longs intervalles, soudainement, souvent sans cause apparente, et toujours avec les mêmes caractéristiques. Cette unité de conscience et de caractère est particulièrement évidente dans les contrôles, c'est-à-dire chez ceux des communicateurs qui sont apparus sans interruption pendant des années, en raison de leur rôle d'intermédiaires pour les autres et de leur aide par leur expérience. Si l'on ne peut raisonnablement admettre que les communicateurs occasionnels ne soient que des personnalités secondaires du médium, l'impossibilité doit être étendue aux contrôles. Ou bien tous les communicateurs sont, sans exception, des personnalités secondaires, ou bien aucun d'entre eux ne l'est ; car tous donnent la même impression de ressemblance intense et de réalité. S'il s'agit bien de personnalités secondaires, la science n'en a jusqu'à présent étudié aucune comme elles. J'ai déjà esquissé le personnage de Phinuit, qui est resté constamment le même pendant douze ans. Le lecteur devrait également avoir une notion suffisamment claire de l'individualité de George Pelham, qui est également cohérente ; même maintenant, lorsque George Pelham apparaît, nous le trouvons inchangé.

Les individualités des contrôles actuels sont encore plus marquées et non moins cohérentes. Aucun de ceux qui, jusqu'à présent, ont communiqué par l'intermédiaire de Mme Piper, n'a le moins du monde ressemblé à l'Imperator et à ses assistants. Les principaux traits du caractère d'Imperator sont un sentiment religieux profond et sincère, beaucoup de gravité et de sérieux, une grande bienveillance, une pitié infinie pour l'homme incarné à cause des misères de cette vie de ténèbres et de chaos ; et avec cela un caractère impérieux, de sorte qu'il fait bien de s'appeler Imperator ; il commande et sera obéi, mais il ne veut que le bien. Les autres esprits qui gravitent autour de lui – le Recteur, le Docteur, Prudens et George Pelham – lui témoignent un profond respect. Ce personnage d'Imperator est tout à fait le même que celui que l'on retrouve dans les œuvres de Stainton Moses. Ceux qui refusent d'accepter l'hypothèse spiritualiste sous quelque forme que ce soit diront que Mme Piper a tiré le personnage de cette source. Elle doit au moins connaître le livre que nous avons mentionné : *Enseignements spirituels*. Lorsque l'effort de communiquer avec Stainton Moses fut fait, et que rien n'était obtenu sauf incohérence et mensonge, le Dr Hodgson, souhaitant découvrir quelle influence la connaissance normale de Mme Piper des œuvres de Stainton Moses pourrait avoir sur la personnalité secondaire se faisant appeler Stainton Moses (si nous ont affaire à des personnalités secondaires), lui a apporté une copie des *Enseignements spirituels*. Elle l'a lu, ou il faut en conclure qu'elle l'a fait, mais il n'y a eu aucun résultat ni aucun effet sur le communicateur qui se faisait appeler Stainton Moses. Néanmoins, je le répète, on peut affirmer avec une certaine probabilité que Mme Piper a tiré de cette source le caractère d'Imperator. Mais alors, d'où a-t-elle pris les autres personnages ?

L'Imperator et ses amis parlent dans un style biblique distinctif. Généralement, au début des séances, l'Imperateur soit prononce lui-même une prière, soit en dicte une au Recteur, qui la reproduit. Voici un spécimen. "Saint-Père, nous sommes avec toi dans toutes tes voies, et à toi nous venons en toutes choses. Nous te demandons de nous donner ton tendre amour et tes soins. Accorde tes bénédictions à ton prochain. Aide-le à être tout cela. Tu lui demandes. Apprenez-lui à marcher sur le chemin de la justice et de la vérité. Il a besoin de votre attention aimante. Apprenez-lui en toutes choses à faire votre sainte volonté… et nous laissons tout le reste entre vos mains. vraiment dépourvu. Surveille et guide ses pas et conduis-le vers la vérité et la lumière. Père, nous te supplions d'ouvrir les yeux aveuglés des mortels afin qu'ils puissent en savoir plus sur toi, sur ton tendre amour et sur tes soins. Parmi les phrases qui sonnent familièrement aux oreilles anglaises, nous remarquons une particularité, et qui revient constamment. L'Imperator appelle Dieu « Père », et pourtant, lorsqu'il recommande l'homme à Dieu, il l'appelle le semblable de Dieu, son prochain, et non sa créature. De toute évidence, l'idée que se fait l'Imperator de Dieu diffère de la nôtre ; il semblerait qu'il nous considère comme une émanation du Divin, éternelle comme le Divin lui-même.

De nombreux lecteurs ne seront peut-être pas enclins à attacher beaucoup de valeur aux prières de l'Imperator. Ils les prendront pour une des inventions diaboliques dont sont capables les personnalités secondaires.

Évidemment, si on les sépare du reste, c'est l'explication la plus plausible ;
mais le caractère et les idées d'Imperator doivent être considérés dans leur
ensemble. Je peux assurer à mes lecteurs qu'il n'y a rien de diabolique chez
lui. Si Stainton Moses et Mme Piper l'ont créé, ils ont créé un chef-d'œuvre ;
Imperator inspire le respect aux plus sceptiques.

Il y a un autre aspect des phénomènes que la télépathie n'explique pas ; la
pièce dramatique. Les personnages à l'autre bout du fil agissent, autant que
nous puissions en juger, avec toute l'opportunité et les particularités de la
réalité. Il y a des incidents de cette pièce dramatique, que la télépathie ne peut
expliquer, dans presque toutes les séances. J'en ai donné quelques-uns en
passant, et je vais maintenant donner quelques exemples supplémentaires. A
la deuxième séance de M. Bourget, Mme Pitman, dont j'ai déjà parlé, apparaît
tout à coup et parle à peu près ainsi : [84] « Monsieur, je viens vous offrir mon
aide. J'ai vécu en France et je parlais assez bien le français lorsque j'étais
vivant. Dis-moi ce que tu veux, et je pourrai peut-être t'aider à communiquer
avec cette dame. Pour comprendre la pertinence de cette intervention, il faut
rappeler que George Pelham, qui servait d'intermédiaire, s'était plaint au
début de la séance que l'esprit communicant parlait français et qu'il ne la
comprenait pas.

Un jour, on demande à George Pelham des informations sur Phinuit et il est
sur le point de les donner. Mais Phinuit, qui se manifeste par la voix tandis
que George Pelham le fait par écrit, s'en rend compte et s'écrie : « Tu ferais
mieux de te taire à propos de moi ! Et les spectateurs assistèrent à une sorte
de lutte entre la tête et la main. Alors George Pelham écrit : « Très bien, c'est
réglé ; nous n'en dirons pas plus. »

Au cours d'une séance au cours de laquelle la femme du modèle a donné à
son mari des preuves d'identité de nature très privée, elle a dit : "Je vous dis
cela, mais ne laissez pas ce monsieur l'entendre." « Ce gentleman » ne pouvait
pas être le Dr Hodgson, qui avait quitté la pièce ; c'était l'invisible George
Pelham qui était habituellement présent aux séances à cette époque.

Le 30 avril 1894, M. James Mitchell tient une séance. [85] Phinuit commence
par lui donner des conseils appropriés sur sa santé. Il termine en disant : «
Toi aussi, tu t'inquiètes. Puis il ajoute : « Il y a une voix que j'entends aussi
distinctement qu'une cloche qui sonne, et elle dit : « C'est vrai, docteur, dites-
lui de ne pas s'inquiéter, parce qu'il l'a toujours fait - mon cher mari - je veux
qu'il profite ». ses jours restants dans le corps. Dites-lui que je suis Margaret
Mitchell et que je serai avec lui jusqu'à la fin de l'éternité, spirituellement.

Les communicateurs demandent souvent à une ou plusieurs personnes
présentes de sortir de la salle et ils donnent l'une ou l'autre des raisons
suivantes, selon les circonstances. La première est que des informations très
privées sont sur le point d'être divulguées. J'ai cité un exemple en parlant de

George Pelham, lorsque James Howard lui a demandé de raconter quelque chose qu'eux seuls savaient. George Pelham, s'apprêtant à le faire, commence par demander au Dr Hodgson de quitter la pièce. Comme c'est étrangement discret pour des personnalités secondaires ! En d'autres occasions, certaines personnes sont priées de sortir temporairement, car, disent les contrôles, "vous avez des parents et des amis qui désirent beaucoup communiquer avec vous, et ils empêchent toute communication par leur insistance et leurs efforts".

À une certaine occasion, le professeur Hyslop se lève et se dirige vers l'autre bout de la pièce, croisant Mme Piper, ce à quoi George Pelham, apparemment offensé, écrit : « Il est passé devant l'Imperator ! Pourquoi fait-il cela ?

Il faudrait un volume pour raconter tous les petits incidents analogues que la télépathie n'explique pas. Ceux-ci serviront d'exemples. Dira-t-on que ces petits drames ressemblent aux créations du même genre qui se produisent dans le délire ou dans le rêve ? Mais d'abord, dans le délire et le rêve, le spectateur ne se rend pas compte, comme ici, de la présence de personnages qui ont donné de nombreux détails tendant à prouver leur identité. Encore une fois, la véritable cause de ces créations de rêve et de délire nous est inconnue. On pourrait affirmer, sans imagination, que la maladie n'est que leur opportunité et non leur cause. Enfin, un troisième groupe de faits, qui milite fortement en faveur de l'hypothèse spiritualiste, est constitué par les erreurs et les confusions. Ce ne serait probablement pas l'opinion d'un observateur superficiel ; beaucoup prennent ces erreurs et ces confusions comme une raison pour rejeter entièrement l'hypothèse spiritualiste ; généralement parce qu'ils ont une étrange notion d'« esprit », sans aucune analogie dans la nature. Trompés par un enseignement théologique absurde et suranné, ils s'imaginent que le plus pitoyable ivrogne, par exemple, devient un être d'une beauté idéale et d'une omniscience dès le jour où il se désincarne. Il ne peut en être ainsi. Notre esprit, si nous l'avons, doit progresser lentement. Lorsqu'ils se lancent dans le grand inconnu, ils ne sautent pas en même temps vers la perfection ; ils étaient finis et limités, et ne deviennent pas immédiatement infinis. L'homme désincarné, comme l'homme incarné, a des défauts d'intelligence, de mémoire et de moralité. L'existence de ces manquements explique très bien la plupart des erreurs dans les communications. Je n'ai pas la possibilité de développer cette idée, mais le lecteur peut le faire facilement. Je ne citerai qu'un exemple d'oubli. M. Robert Hyslop a déclaré qu'il possédait un canif à manche marron, qu'il portait d'abord dans la poche de son gilet, puis dans son manteau. Après enquête, on a découvert qu'il s'était trompé et qu'il le portait réellement dans la poche de son pantalon. Quel homme vivant n'a pas commis cent de telles erreurs ? Pour expliquer les phénomènes que nous étudions par l'hypothèse télépathique, il faut supposer que la télépathie possède un pouvoir infini avec lequel aucun obstacle ne peut interférer. Alors pourquoi fait-il des erreurs ? Et pourquoi commet-il exactement les erreurs qu'un esprit imparfait et limité commettrait ? Devons-nous supposer que Dame Télépathie est une simple incarnation du démon de la fraude et de la tromperie ?

[84] S'adressant évidemment à George Pelham.

[85] *Proc. du SPR* , vol. XIII. p. 519.

CHAPITRE XVIII

Difficultés et objections – L'identité de l'Imperator – Vision à distance –
Trivialité des messages – Philosophie spiritualiste – La vie dans l'autre
monde.

Jusqu'à présent, j'ai parlé beaucoup de mal de la télépathie. Je crois avoir
démontré, non pas que la théorie est fausse, mais qu'il s'agit d'une explication
improbable des faits. Dirons-nous alors que l'hypothèse spiritualiste, la seule
raisonnable après le rejet de la télépathie, peut être acceptée sans difficulté et
sans objections ? Pas du tout. De nombreuses objections, plus ou moins
sérieuses, sont encore faites à l'hypothèse spiritualiste. À mon avis, il n'y en
a qu'un qui soit sérieux ; J'en parlerai en conclusion. Beaucoup d'autres sont
évoqués par des personnes qui n'ont qu'une connaissance superficielle du
problème ; leurs arguments sont plus polémiques que scientifiques.

Pour commencer, certains d'entre eux veulent savoir pourquoi les
contrôleurs, Imperator, Docteur, Recteur, Prudens, se dissimulent sous ces
pseudonymes. S'ils sont, comme on dit, des esprits désincarnés, qui vivaient
autrefois dans des corps, pourquoi ne disent-ils pas qui ils étaient ? Leur
silence sur ce point n'indique-t-il pas qu'ils ne sont que des personnalités
secondaires du médium ?

Cette objection n'est pas très sérieuse. En premier lieu, les contrôleurs ont
indiqué leurs noms à Stainton Moses. S'ils ne souhaitent pas que ces noms
soient révélés, c'est sans doute pour d'excellentes raisons, qu'il n'est pas
difficile d'imaginer. Tout indique que ces contrôles appartenaient à une
génération très éloignée de la nôtre ; leur langage, la tournure de leur esprit
et certaines de leurs affirmations le montrent tous. S'il s'agissait d'hommes
connus et s'ils avaient révélé leurs noms, les critiques n'y verraient qu'une
raison de plus pour crier à la fraude. Ils disaient : « Le médium a lu tout cela
et nous le répète sous hypnose. » Si, en revanche, il s'agissait de personnes
obscures et qu'elles avaient donné des informations sur leur vie, ces
informations seraient invérifiables. Et alors les sceptiques criaient sur-le-
champ : « Folie ; ce sont les inventions de la personnalité secondaire du
médium. » Les contrôles peuvent avoir encore d'autres raisons pour ne pas
se révéler à nous. Cette vie, une fois abandonnée, peut apparaître à l'esprit
comme un cauchemar plus ou moins douloureux. Il n'y a rien d'étonnant à
ce qu'il ne se soucie pas de rappeler aux autres le rôle qu'il a joué dans ce
cauchemar, même s'il s'agissait d'un rôle distingué. Nous ne connaissons
nous-mêmes que cette vie ; nous n'admettons pas qu'il y en ait d'autre. C'est
pourquoi nous souhaitons tous y briller comme des météores, si possible. Il
est possible que des esprits désincarnés, voyant les choses d'un point de vue
plus élevé, pensent autrement. Bref, les contrôleurs, Imperator, Rector,

Doctor et Prudens, peuvent s'abstenir de parler de leur vie antérieure simplement parce qu'ils sont sages. N'aurait-il pas été plus sage de la part de Phinuit de se taire plutôt que de nous raconter une masse d'invraisemblances ?

Parmi ceux qui étudient ces phénomènes, nombreux sont ceux qui voient dans la trivialité de la plupart des messages une forte présomption contre l'hypothèse spiritualiste. Certains de ces messages sont signés, il est vrai, de noms illustres, mais ce n'est pas le cas de Mme Piper. Mais ce fait regrettable peut s'expliquer de diverses manières. En premier lieu, il peut y avoir des coquins, des charlatans et des imbéciles des deux côtés, car il est probable que l'âme passe de ce monde à l'autre telle qu'elle est, et que, si elle progresse, elle progresse lentement. Combien d'individus ne voient dans le spiritualisme qu'un moyen de mettre en avant leur misérable personnalité ou d'exploiter leurs contemporains ! De telles personnes n'hésiteraient pas à présenter leurs élucubrations comme des communications venant de l'autre monde ; ils les signeraient du plus auguste des noms si cela pouvait faire avancer leurs desseins. Enfin, il n'est même pas nécessaire de supposer que ces messages sont dus à la malhonnêteté ; le nombre des mystificateurs peut être au moins aussi grand de l'autre côté que de celui-ci ; une sorte de loi d'affinité qui semble régir le monde des Esprits peut faire que ces êtres inférieurs soient attirés par les médiums incultes, tandis que les grands Esprits en sont repoussés. Ce seraient ces larves de l'autre monde qui donneraient des messages qui déconcertent quand ils ne nous scandalisent pas. Mais l'homme de science ne doit pas être rebuté par ces messages qui, malgré leur contenu, sont importants, s'ils aboutissent à une preuve irrésistible du fait qu'il existe hors de nous et autour de nous des êtres intelligents qui nous ressemblent.

Mais lorsqu'il s'agit d'esprits développés, qui ont commencé par donner des preuves de leur identité, il n'est pas vrai que les messages soient toujours anodins. Ils contiennent souvent des idées d'une grande largeur de vue et d'une grande élévation. La forme est généralement défectueuse, mais ceux qui ont étudié les phénomènes de Mme Piper seront indulgents pour la forme, et parfois même pour le fond. L'esprit en contact avec l'organisme du médium souffre, comme je l'ai dit à plusieurs reprises, d'une sorte de délire ; d'ailleurs l'organisme ne répond qu'imparfaitement à ses efforts. "Mes chers amis", dit George Pelham, "ne me regardez pas d'un œil trop critique ; essayer de transmettre vos pensées à travers l'organisme d'un médium, c'est comme essayer de ramper dans une bûche creuse." Bref, les difficultés sont énormes.

Il se peut très bien que de grands Esprits aient en réalité été les auteurs de très mauvais messages. Il est arrivé à chacun de nous de faire dans nos rêves des compositions poétiques ou autres que nous avons jugées admirables ; nous disons avec joie : « Quel dommage que je ne puisse pas m'en souvenir à mon réveil ! Mais parfois nous nous en souvenons, et alors nous sourions avec mépris de ce qui nous avait ravis pendant notre sommeil. Or, les communicateurs répètent constamment qu'ils rêvent alors qu'ils sont dans l'atmosphère du médium. "Tout me semble si clair", dit Robert Hyslop à son fils, "et quand j'essaie de te le dire, James, je n'y parviens pas."

Ces considérations prouvent qu'il ne faut pas se hâter de conclure, avec le professeur Flournoy, que s'il y a une vie future, elle est une vie de misérable dégénérescence, une misère de plus ajoutée à toutes les autres qui nous accablent dans cet univers misérable.

Non; comme le dit le professeur James, dans ce monde, nous ne vivons qu'à la surface de notre être ; si la mort n'est pas l'anéantissement, alors c'est un réveil. Il ne s'ensuit pas que la vie de l'autre monde ne soit pas plus élevée et plus intense que celui-ci, car la communication avec lui est difficile.

Une autre objection sérieuse à l'hypothèse spiritualiste est la philosophie à laquelle certains trop passionnés l'ont rattachée. Le spiritualisme, qui ne devrait être à l'heure actuelle que le simple début d'une science, est déjà, selon eux, une philosophie pour laquelle l'univers n'a plus de secret. Comment des créatures aussi chétives que nous peuvent-elles espérer résoudre les problèmes de l'univers par un raisonnement *a priori* ? Tout ce que nous pouvons raisonnablement espérer, c'est d'arracher à la nature quelques-uns des secrets les plus proches de nous, en nous entourant de mille précautions pour ne pas nous tromper grossièrement.

Je classe la philosophie spiritualiste parmi les autres philosophies. Peut-être que certains de ses principes proviennent des esprits, si les esprits existent, mais ce n'est certainement pas le cas du système dans son ensemble. Mais alors, dira-t-on, ceux qui ont élaboré cette philosophie ont dû être des imposteurs. Non, pas forcément ; J'oserais même dire que l'imposture est peu probable. La clé du mystère se trouve peut-être dans d'autres caractéristiques de l'humanité.

L'obstacle le plus redoutable à l'admission de l'hypothèse spiritualiste réside dans les messages qui tendent à représenter l'autre monde, dans lequel, semble-t-il, la matière n'est pas perçue, et l'espace et le temps sont inconnus, comme étant tout de même une copie servile de l'univers spirituel. ceci, ou un croquis de celui-ci. Si l'on demande à Phinuit ou à un autre témoin de décrire un communicateur, la description est généralement donnée avec exactitude, et est la même ici qu'ici ; parfois le communicateur va même jusqu'à porter les mêmes vêtements, faits de la même matière. Mais ces descriptions sont sans importance, car on peut répondre que les communicateurs ou les contrôleurs donnent ces détails uniquement pour prouver leur identité. Cependant, je ne connais aucun message dans lequel le communicateur ait été assez franc pour dire : « Bien sûr, vous pouvez supposer que la forme que j'ai ici n'est pas la même que celle que j'avais dans votre monde. Ou encore : « L'idée de forme diffère totalement dans notre monde et dans le vôtre ; je ne peux pas vous faire comprendre quelle est cette idée ici, il est donc inutile de m'interroger. Malheureusement, ni les communicateurs ni les contrôleurs ne parlent ainsi ; tous disent ou laissent supposer que la forme humaine est la même dans les deux mondes.

Mais lorsque l'action et les événements de ce monde sont représentés comme étant les mêmes que dans celui-ci, alors notre crédulité crie en remontrance. Qu'un médecin décédé nous dise qu'il continue de rendre visite à ses patients, un peintre qu'il continue de barbouiller des toiles, c'est plus qu'on ne peut l'admettre. Mais, on peut l'expliquer, le médecin et le peintre sont momentanément en délire ; ils ne savent pas ce qu'ils disent. Malheureusement ces passages sont trop nombreux pour être toujours attribués au délire. Certains communicateurs disent, avec toute la gravité du monde, et lorsqu'ils semblent en pleine possession d'eux-mêmes, qu'ils respirent, vivent dans des maisons, écoutent des conférences, et qu'un enfant décédé commence à apprendre à lire. C'est une difficulté énorme, je le répète. Je le signale sans chercher à le résoudre ; Je suis incapable de proposer une explication plausible. Le professeur Hyslop a essayé, mais je ne pense pas qu'il ait réussi.

CHAPITRE XIX

Le retour du médium à la vie normale. Discours prononcés alors que le médium semble flotter entre les deux mondes.

Dans le cas de Mme Piper, les moments qui précèdent la sortie effective de la transe présentent, du moins à l'heure actuelle, un intérêt particulier. Il me semble donc bon de m'attarder un peu sur ce point. Pour éviter des périphrases interminables, je parlerai comme si l'hypothèse spiritualiste était prouvée. En effet, quel que soit le sort futur de cette hypothèse, et malgré l'objection sérieuse évoquée dans le dernier chapitre, c'est, je crois, la seule qui puisse être raisonnablement retenue pour le moment.

Lorsque la séance est terminée et que l'écriture automatique a cessé, Mme Piper commence à revenir progressivement à son état normal. Elle prononce alors avec plus ou moins de netteté des phrases en apparence décousues et qu'il est parfois difficile de saisir. Elle est comme une personne qui parle pendant son sommeil. Le Dr Hodgson et le professeur Hyslop ont rassemblé autant de phrases brisées qu'ils ont pu, les conservant séparément sous une rubrique différente du compte rendu du reste de la séance proprement dite. À la fin, Mme Piper pose souvent cette question étrange : « Avez-vous entendu ma tête claquer ? Et après que sa tête est censée s'être brisée, elle regarde autour d'elle avec un étonnement et une alarme apparents, et puis tout est fini, elle ne se souvient plus de ce qu'elle a dit ou écrit pendant la transe.

Nous verrons que ces bribes de phrases sont moins incohérentes qu'il n'y paraît, et qu'il vaut la peine de les rassembler. Très souvent, lorsque de nombreux efforts infructueux ont été faits pour rappeler un nom propre pendant la séance, Mme Piper le prononce en sortant de la transe ; lorsqu'elle rentre dans son corps, le ou les communicateurs lui répètent le nom avec insistance et font de grands efforts pour qu'elle s'en souvienne et le prononce lorsqu'elle sort de la transe. J'en ai déjà cité un exemple. M. Paul Bourget demande le nom de la ville dans laquelle l'artiste avec laquelle il communiquait s'était suicidée. Le nom n'est pas venu, mais Mme Piper l'a prononcé alors qu'elle sortait de la transe : *Venise* . Le nom de M. Robert Hyslop a été prononcé de la même manière la première fois, mais accompagné de bribes de discours très significatives comme suit. Mme Piper essaya d'abord de prononcer le nom, puis elle dit *Hyslop* et continua :

"Je le suis. [86] Dites-lui que je suis son père. Je... Au revoir, monsieur. Je ne devrais pas l'emmener de cette façon. Oh, mon Dieu. Voyez-vous l'homme à la croix [87] exclu tout le monde ? Avez-vous vu la lumière ? Qu'est-ce qui a fait tomber les cheveux de cet homme ? »

Le Dr Hodgson demande : « Quel homme ?

Mme PIPER . — "Ce monsieur âgé qui essayait de me dire quelque chose, mais il ne venait pas."

À première vue, ce passage semble n'être qu'une simple incohérence, mais toutes les parties de phrases ont une signification très claire lorsqu'on les examine avec les événements de la séance. Ce sont, semble-t-il, des commissions dont le médium est chargé au fur et à mesure de son retour dans son organisme, ou ce sont des observations faites entre eux par les esprits présents, que le médium répète automatiquement, ou encore ce sont les observations et les questions du médium. se. Tout ce que dit Mme Piper en sortant de transe appartient à l'une de ces trois catégories.

Dans le passage cité, les mots : « Je le suis. Dites-lui que je suis son père », sont une commission dont le médium est chargé par M. Robert Hyslop. Mme Piper prend congé de Robert Hyslop avec la formule « Au revoir, monsieur ». Les phrases qui suivent : « Oh, mon Dieu. Je ne devrais pas l'emmener de cette façon. Voyez-vous l'homme à la croix exclure tout le monde ? sont les remarques des esprits répétées automatiquement, ou les propres remarques de Mme Piper sur l'Imperator, qui, voyant la lumière épuisée, renvoie impérieusement tout le monde, y compris M. Robert Hyslop lui-même, malgré son désir de rester avec son fils. L'Imperator a même dû user d'une certaine force, pour justifier son observation : "Je ne devrais pas l'emmener de cette façon". Les phrases finales sont toujours les propres questions et remarques de Mme Piper : lorsqu'elle dit : « Avez-vous vu la lumière ? elle fait sans doute allusion à la lumière de l'autre monde, invisible pour nous. Les autres phrases sont assez claires, quand on pense que M. Robert Hyslop était entièrement chauve. Il y a des paroles comme celles-ci, qui ne semblent incohérentes qu'à la sortie de toutes les transes ; mais leur longueur varie. Les derniers mots, si je ne me trompe, viennent toujours de Mme Piper elle-même, ce qui est logiquement prévisible, puisqu'elle perd peu à peu le souvenir du monde qu'elle vient de quitter, jusqu'au moment précis du réveil, marqué par le si -appelé un claquement dans sa tête.

Ces discours de sortie de transe constituent, à nos yeux, un argument de plus contre l'hypothèse de la télépathie et des personnalités secondaires, car il n'y a aucune trace de simulation. Supposer une simulation serait accorder à la télépathie trop d'habileté dans l'art de la tromperie.

Ces discours mettent au premier plan la question : « Que devient l'esprit du médium pendant la transe, s'il y a un esprit ? Les contrôles disent qu'il quitte l'organisme et reste en compagnie du groupe des esprits communicants.

« Mais alors, dira-t-on, si elle vit momentanément dans l'autre monde, pourquoi ne raconte-t-elle pas ses impressions à son réveil ?

Il ne faut pas oublier que pour les esprits notre vie est un sommeil, et que nous n'avons conscience que de ce que nous acquérons par l'intermédiaire de nos cinq sens. Lorsque l'esprit est replongé dans la prison du corps, après l'avoir quitté un temps, il se rendort et oublie tout ; il recommence à vivre la vie fragmentaire qui est tout ce que permettent les cinq sens. L'absence complète de mémoire chez le médium éveillé n'est pas plus étonnante que le même phénomène chez un sujet sortant de l'hypnose, pendant lequel il a pu parler, et même faire beaucoup.

D'ailleurs, pendant les courts instants où Mme Piper est comme suspendue entre deux mondes, elle a encore un vague souvenir de ce qu'elle vient d'entendre ; les fragments de phrases qu'elle prononce en témoignent suffisamment. Elle manque rarement de verser quelques larmes, et de dire : "Je veux m'arrêter là, je ne veux pas retourner dans le monde des ténèbres !" Voici un passage caractéristique, à titre d'exemple. Mme Piper, sortant de la transe, se met à pleurer et à murmurer : "Je ne veux pas retourner dans l'obscurité... Oh, c'est vrai, ça doit être la fenêtre... mais je veux sais.... Je veux savoir où ils sont tous allés [88] .... C'est drôle... J'ai oublié que j'étais en vie.... Oui, Monsieur Hodgson, j'ai oublié.... J'étais je vais te dire quelque chose, mais j'ai oublié ce que c'était... Tu vois, quand ma tête se brise, j'oublie ce que j'allais dire... Il doit faire nuit. Oh, mon Dieu, je me sens si faible ! .... C'est mon mouchoir ?"

À d'autres occasions, elle utilise une figure de style étrange. "Vous voyez, Rector tourne autour d'un tableau sombre et dit que c'est votre monde – et il se retourne de l'autre côté et c'est la lumière, et il dit que c'est son monde. Je ne veux pas retourner dans le monde des ténèbres."

Une autre fois, elle dit, tout à la fin : "C'est mon corps ? comme ça pique !"

Il semble que l'Imperator, avant de la renvoyer dans le « monde des ténèbres », prie pour elle, et elle répète parfois automatiquement des fragments de prières.

"Est-ce une bénédiction ? Dis-le." [89]

"Père, sois et demeure avec toi pour toujours."

"Servus Dei, je ne sais pas."

"J'ai tout cela à surveiller. Je te laisse bien."

"Va faire les devoirs devant toi."

"Bénédictions sur ta tête."

"La lumière cessera."

"Pourquoi dites vous cela?"

"Tu y vas ? Au revoir."

"Je veux suivre le même chemin avec toi."

"Entendez le sifflet?" (C'était un sifflement terrestre, que les personnes présentes ont également entendu.)

[86] *Proc. du SPR*, vol. XVI. p. 322.

[87] C'est-à-dire Imperator, qui signale toujours sa présence en faisant une croix sur le papier, ou, avec la main, en l'air.

[88] Les esprits en compagnie desquels elle a été.

[89] *Proc. du SPR*, vol. XVI. p. 396.

CHAPITRE XX

Et maintenant, peut-il y avoir une conclusion à ce travail ? Cela ne permet aucune conclusion. Tout ce que je peux faire en terminant, c'est d'enregistrer certains faits. Le Dr Hodgson, le professeur Hyslop et d'autres, qui, bien que sans préjugés, avaient commencé ces études aussi sceptiques que quiconque, ont fini, après de longues années d'hésitation, par adhérer à l'hypothèse spiritualiste. Mais, comme ils prennent soin de le souligner, ils acceptent cette hypothèse de manière conditionnelle et non définitive. De nouvelles expériences et de nouveaux faits pourraient faire tourner leur esprit dans une tout autre direction.

Faut-il les suivre ? Faut-il chacun admettre sous condition l'hypothèse spiritualiste ? Pas du tout; ce n'est pas ainsi que l'on parvient à la connaissance. Celui qui croit avoir d'excellentes raisons de préférer une autre hypothèse doit rester inébranlable dans ses convictions jusqu'au moment où de nouveaux faits l'obligeront à les abandonner. La science ne demande pas que nous préférions telle ou telle explication ; il demande seulement que nous étudiions les faits sans préjugés, que nous soyons sincères et que nous ne fermions pas puérilement les yeux sur les preuves.

Pour qu'une vie future soit, je ne dirai pas prouvée, mais admise par la majorité, il faudra qu'un grand nombre d'expérimentateurs ou, si l'on veut, d'observateurs, travaillant indépendamment les uns des autres dans toutes les parties du globe, parviennent à des conclusions identiques. . Encore une fois, il doit être possible à tout homme intelligent, disposé à faire l'effort, et retraçant le chemin suivi par les premiers observateurs, d'arriver aux mêmes conclusions. Le *magister dixit* est périmé. Les enseignants d'aujourd'hui doivent montrer à leurs disciples le chemin de la vérité et ne pas essayer de leur imposer ce qu'ils considèrent eux-mêmes comme la vérité. La science moderne ne connaît pas de Pape infaillible, parlant *ex cathedrâ* .

De plus, nous ne devons pas nous limiter à l'étude d'un seul aspect de la médiumnité. Les phénomènes produits en présence de médiums sont divers. Tous les phénomènes classés comme « psychiques » doivent être soigneusement considérés et étudiés de manière approfondie. Le grain doit être séparé de l'ivraie ; il faut décider lesquels de ces phénomènes paraissent dus aux Esprits, lesquels, d'après l'évidence, sont dus à des esprits incarnés, et enfin lesquels (s'il y en a) n'ont que des causes physiques ordinaires. Les nouveaux ouvriers qui entrent dans le domaine de la science ont devant eux une longue tâche de défrichement du terrain, mais le sol semble être d'une fertilité sans précédent ; avec un peu de bonne volonté, nous récolterons une récolte telle qu'on n'en a jamais vu.

Sans doute, si les médiums capables de produire certains phénomènes de second ordre ne sont pas rares, les bons médiums ne sont pas faciles à découvrir ; ils sont cependant moins rares que les os d' *Anthropopithecus erectus* . Lorsqu'un bon médium est découvert, il n'est pas nécessaire de réunir un comité et de mettre aux voix la valeur qu'il peut avoir pour la science. Si « l'autre monde » existe, il semble qu'aucun « chaînon manquant » n'existe entre lui et le nôtre.

Ainsi, la conclusion générale à tirer des travaux décrits dans ce petit livre, et des autres travaux de la Society for Psychical Research, est que le dévouement à ces études est loin d'être inutile. Même la science officielle pourrait s'orienter dans cette direction, ne serait-ce que pour défendre les doctrines qui lui sont chères. Nous y arriverons sans aucun doute, mais le sera-t-il bientôt ? L'humanité n'est qu'une pauvre chose, même si les monistes n'hésitent pas à nous la présenter comme la plus haute expression, dans notre coin de l'espace, de la conscience de leur grand dieu Pan. La grande majorité des unités humaines est composée d'esprits de la première enfance, avides uniquement de choses enfantines.

En modifiant légèrement l'allégorie de Platon, il est facile de parvenir à une compréhension de l'état actuel de l'humanité. Imaginez des êtres très imparfaits, très peu développés, possédant pourtant une infinité de virtualités latentes ; imaginez-les nés dans une caverne obscure où ils pullulent pêle-mêle, passant leur temps principalement à se dévorer les uns les autres. A chaque instant on entre dans cette caverne, et un certain nombre de ces pauvres êtres en sont sortis et portés à la lumière du jour, afin de jouir d'une vie plus élevée et d'admirer les beautés de la nature. Ceux qui restent dans la caverne pleurent leurs compagnons et pensent qu'ils ont disparu à jamais. Mais dans la voûte de la caverne, il y a des fissures par lesquelles filtre un peu de lumière. Quelques êtres curieux, un peu plus développés que leurs frères, grimpent jusqu'à ces fissures ; ils regardent et croient que des signes leur sont faits du dehors. Ils se disent : "Ceux qui nous font des signes sont peut-être les compagnons qu'on enlève sans cesse parmi nous ; alors ils ne peuvent pas être morts ; il faut qu'ils continuent à vivre là-haut." Et ils crient à leurs frères d'en bas : " Venez voir ; on dirait que nos compagnons qui montent là-bas tous les jours nous font des signes. Nous n'en sommes pas sûrs ; mais si nous unissons nos efforts et nos intelligences, peut-être finirons-nous par être certain." Pensez-vous que les essaims sur le sol de la grotte vont courir ? Ils ont bien autre chose à faire. Ils ne lapident pas les chercheurs importuns, mais ils les regardent de travers et leur font des ennuis. Mais nous laisserons tomber l'allégorie ; et dites simplement combien il est déplorable que les études psychiques n'inspirent pas plus d'enthousiasme.

Les médecins déclarèrent d'abord que la médiumnité était une forme de névrose. Rien n'est moins sûr ; Je dirai même que rien n'est moins probable.

Les gens instruits et de position sociale indépendante, lorsque par hasard ils découvrent qu'ils possèdent des dons médiumniques, les cachent soigneusement, au lieu de les offrir spontanément à l'étude ; ils ne veulent pas passer pour malades ; personne n'aime proclamer ses défauts en public. C'est pourquoi les médiums connus sont presque tous recrutés dans les classes populaires et les pauvres ; ils sont obligés de faire une marchandise de leurs cadeaux ; ils sont payés pour produire des phénomènes, et, lorsque ceux-ci ne se produisent pas spontanément, ils trichent. Il faut chercher des médiums dans la classe des gens instruits qui ne sont pas obligés de travailler pour leur pain quotidien. Il y en a autant, sinon plus, dans cette classe que dans n'importe quelle autre, si l'on voulait seulement les chercher. Que devraient craindre de tels médiums ? Ne Mlle. Smith et Mme Piper, lorsqu'ils permettent à des personnes compétentes d'étudier leur médiumnité, rendent-ils à la société des services plus précieux que tant de charges sociales, que tant de mouches au volant qui nous assourdissent de leur bourdonnement ? Ont-ils des raisons d'avoir honte ?

Enfin, pour parvenir à un résultat dans ces études, il faut de l'argent, pourquoi ne pas le dire ? Les sujets intéressants doivent être payés lorsqu'ils ont besoin d'être payés, et les enquêteurs compétents doivent être payés lorsqu'ils ont besoin d'un salaire. Si un millième de la somme consacrée chaque année à l'art de tuer était consacré à la solution de ce problème, avant dix ans, nous aurions réglé la question et l'humanité pourrait se vanter d'une victoire sans exemple.

En Amérique et dans tous les pays anglo-saxons, de nombreuses personnes, aussi nobles que généreuses, donnent pour la science, pour l'instruction universelle, pour fonder des universités et des collèges. Qu'ils soient bénis ! Ils font un noble usage de leur argent. Mais il est regrettable qu'on puisse trouver autant d'argent qu'il faut pour la recherche, disons, de l' *Anthropopithecus erectus* , et qu'on ne puisse pas en trouver pour la recherche psychique.

Si je ne me trompe pas, un prix a été offert à celui qui trouvera le moyen de communiquer avec la planète Mars. Si cette communication était jamais établie, je ne vois pas comment l'humanité en bénéficierait, au-delà de la satisfaction de sa curiosité ; ce qui est pourtant une curiosité noble et légitime. Mais combien il serait bien plus utile et intéressant de communiquer avec le monde d'outre-tombe, si un tel monde existe, le monde où nous sommes tous liés. Peut-être qu'un jour l'humanité se rendra compte de ce fait.

www.ingramcontent.com/pod-product-compliance
Lightning Source LLC
LaVergne TN
LVHW041659190726
843493LV00007B/1868